SCHALL, LICHT, MAGNETISMUS
ELEKTRIZITÄT

Coole Experimente

Texte von Philippe Nessmann
Illustrationen von Peter Allen

tandem.VERLAG

© Tandem Verlag GmbH
Birkenstraße 10, D-14469 Potsdam

Alle Rechte vorbehalten

© der französischen Ausgabe
Maxi kézako – Le son, la lumière, l'électricité, les aimants
Mango, Paris

Alle Rechte vorbehalten

Übersetzung aus dem Französischen: Annette Mader
Lektorat/Redaktion: Christoph Eiden
Satz und Produktion: ce redaktionsbüro, Heinsberg
Umschlaggestaltung: MWK, Köln

Gesamtherstellung: Tandem Verlag GmbH, Potsdam

ISBN: 978-3-8427-1424-3

© 2015 ProSiebenSat.1 TV Deutschland GmbH,
Lizenz durch: ProSiebenSat.1 Licensing GmbH
www.ProSiebenSat1Licensing.de

Inhalt

Schall 4

Licht 26

Elektrizität 56

Magnetismus 78

Schall

Die Musik aus dem Radio, die Gespräche mit Freunden, die Hupe eines Autos, die Pfeife des Schiedsrichters im Stadion, das Geschrei auf dem Schulhof ... Wir leben zwischen vielen Geräuschen. Doch wie entstehen diese Geräusche? Wie funktionieren unsere Ohren? Mit den folgenden Experimenten lüftest du die Geheimnisse rund um den Schall.

WAS IST EIN LAUT?

Tralala Kling Bum! Ein Musiker streicht über die Saiten seiner Geige: Sie schwingen, und es entstehen Töne. Ein anderer schlägt auf das Fell seiner Trommel. Es erzittert und klingt. Ein Dritter bläst in seine Klarinette: Das Rohr vibriert und zwitschert. Und wie macht die Sängerin ihre Töne?

Finde die Stimme!

Du brauchst:
- deine Hand
- deinen Hals

1 Lege deine Hand an deinen Hals. Atme tief ein. Atme dann langsam durch den Mund aus, als wolltest du einen Luftballon aufblasen. Spürst du etwas an deiner Hand?

2 Atme erneut ein. Beim Ausatmen sprichst du einen langen Laut aus, beispielsweise „oooooh". Spürst du den Unterschied?

🔴 Noch ein Experiment

Nimm den Metalldeckel eines Topfes und schlage mit einem Holzlöffel darauf. Er beginnt zu schwingen. Wenn du vorsichtig deine Hand darauf legst, kannst du die Schwingungen spüren. Sobald sie enden, endet auch das Geräusch.

Beim einfachen Ausatmen merkst du nicht viel. Sagst du dagegen "oooooh", zittert deine Kehle. Dieses Zittern sind Schwingungen. Woher kommen sie?
In deiner Kehle gibt es die Stimmbänder. Sobald du sprichst, schwingen sie und produzieren Laute. Und genau das spürst du mit deiner Hand. Tatsächlich sind alle Geräusche, die du hörst, Schwingungen: das Summen einer Biene, das Ticken einer Uhr, das Brummen einer Waschmaschine ...

GERÄUSCHE IN DER LUFT

Wenn du einen Stein ins Wasser wirfst, entsteht eine kleine Welle. Dasselbe passiert mit Geräuschen: Wenn ein Buch auf den Boden fällt, entsteht eine unsichtbare Welle in der Luft um das Buch. Diese Welle wird immer größer, wie ein Ballon, der sich aufbläst. Sobald sie dein Ohr erreicht, hörst du das Geräusch des heruntergefallenen Buches. Bums!

PLATSCH!

Schon gewusst?
Ein Geräusch bewegt sich mit der Geschwindigkeit eines Düsenjets in der Luft: Es erreicht 1200 km/h. Das ist schnell, aber kein Rekord. Licht ist viel schneller. Darum sieht man bei einem Gewitter auch zuerst das Licht des Blitzes und hört erst später den Donner.

Lass die Flamme tanzen!

Du brauchst:
- einen Erwachsenen
- einige Bücher
- eine Stereoanlage
- eine Kerze und Streichhölzer

1 Staple die Bücher so, dass sie den Lautsprecher der Stereoanlage erreichen. Stelle die Kerze auf die Bücher. Sie sollte etwa 5 cm vor dem Lautsprecher stehen.

2 Bitte einen Erwachsenen, eine Kerze anzuzünden und die Stereoanlage anzumachen.

3 Drehe die Lautstärke auf, bis du siehst, wie die Flamme tanzt!

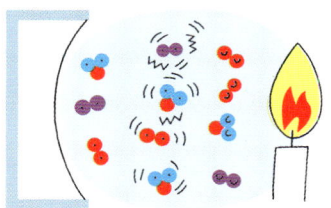

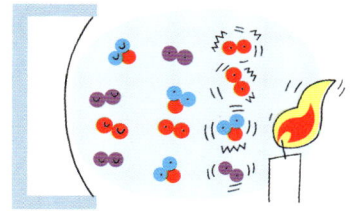

Geräusche sind wie Wellen (deswegen heißen sie auch Schallwellen!). Lege deine Hand auf den Lautsprecher, dann spürst du es! Die Membran des Lautsprechers schwingt vor und zurück und bewegt dabei die Luft vor ihr. Die kleinen Teilchen in der Luft werden dadurch ebenfalls vor und zurück bewegt. Dabei verdrängen sie Luftteilchen, die etwas weiter entfernt sind. Wie bei einem Dominospiel setzt sich die Schwingung in der Luft von Teilchen zu Teilchen fort. Sobald dann die Luftteilchen um die Flamme herum zu schwingen beginnen, bewegt sich auch die Flamme.

IN DER OHRMUSCHEL

Um ein Geräusch zu hören, braucht man drei Dinge. Zunächst einmal eine Geräuschquelle wie eine Gitarre, eine wilde Party oder eine Baustelle. Dann braucht man einen Träger, der das Geräusch zu deinem Ohr bringt, wie etwa Luft oder Wasser. Und schließlich brauchst du deine Ohren. Doch wie funktionieren sie?

Lass den Zucker hüpfen!

Du brauchst:
- etwas Frischhaltefolie
- eine Schüssel
- Zucker
- eine Pfanne
- einen Kochlöffel

1 Reiße ein Stück Frischhaltefolie ab. Bedecke damit die Schüssel und spanne die Folie, so gut es geht.

2 Streue etwas Zucker auf die Folie.

3 Halte die Pfanne darüber und schlage mit dem Kochlöffel auf die Pfanne. Was macht der Zucker?

Die Zuckerkörner beginnen zu tanzen! Durch den Schlag beginnt die Pfanne zu schwingen. Die Schwingungen verbreiten sich in der Luft. Sobald sie an die Folie kommen, beginnt auch sie zu schwingen. Du siehst dies an dem hüpfenden Zucker. Im Inneren deines Ohrs gibt es – vergleichbar mit der Folie – eine dünne Hautmembran, das Trommelfell. Es vibriert, sobald dort ein Geräusch ankommt. Mithilfe kleiner Knochen und des Innenohrs wird diese Information an das Gehirn weitergeleitet, das das Geräusch erkennt.

Schon gewusst?
Eine Trommel besitzt ein Trommelfell. Dein Ohr auch! Weißt du, warum beides den gleichen Namen hat?

Das Trommelfell ist die dünne Hautmembran im Inneren deines Ohrs. Es heißt so, weil es ähnlich funktioniert wie das Fell einer Trommel.

WIE EIN LAUT IM WASSER

Delfine sind sehr intelligente Tiere. Durch spitze, hohe Rufe unterhalten sie sich miteinander. Doch die meiste Zeit haben sie den Kopf unter Wasser. Heißt das etwa, dass man auch unter Wasser Laute hören kann?

Hör wie ein Delfin!

Du brauchst:
- einen Erwachsenen
- zwei Luftballons
- etwas Wasser
- einen Tisch

1 Bitte einen Erwachsenen, einen Ballon aufzublasen und den anderen mit lauwarmem Wasser zu füllen.

2 Lege die Ballons auf einen Tisch. Lege dein Ohr auf den mit Wasser gefüllten Ballon.

3 Halte dir mit einer Hand das andere Ohr zu. Klopfe mit der zweiten Hand von unten gegen den Tisch. Hörst du das Geräusch?

Schon gewusst?
Im Wasser dringen Geräusche viel weiter als in der Luft. Wenn ein Blauwal ein Liedchen pfeift, kann man das noch in 800 km Entfernung hören! Stell dir vor, dass in Hamburg die Sirenen gehen und die Feuerwehr in München denkt, sie müsse ausrücken …

4 Wiederhole das Experiment mit dem anderen Ballon. Durch welchen Ballon kannst du das Klopfen besser hören?

Du hörst besser durch den mit Wasser gefüllten Ballon. Warum? Du weißt schon, dass ein Geräusch Schallwellen sind: Sobald du gegen den Tisch klopfst, vibriert er. Um dein Ohr zu erreichen, müssen die Schallwellen durch den Ballon. Die Wasserteilchen liegen sehr eng aneinander. Die Schwingungen können also sehr leicht von einem Teilchen zum anderen übergehen. In dem mit Luft gefüllten Ballon liegen die Teilchen weiter auseinander. Die Schallwellen können sich nicht so gut weiterbewegen. Daher hört man im Wasser besser als in der Luft.

LEITER ODER ISOLATOR?

In Western-Filmen legen die Indianer, bevor sie einen Zug überfallen, ihr Ohr auf die Eisenbahnschienen, um zu hören, wie weit der Zug noch entfernt ist. Tatsächlich leitet Eisen Geräusche sehr gut. So kann man den Zug schon in den Schienen hören, lange bevor er ankommt. Natürlich darf man dies nie in der Wirklichkeit ausprobieren. Das wäre höchst gefährlich!

Teste die Materialien!

Du brauchst:
- etwas Klebeband
- eine Armbanduhr, die tickt
- einen Besen
- eine Rolle Küchenpapier

1 Schneide ein Stück Klebeband ab. Klebe es auf das Armband der Uhr und klebe nun die Uhr fest an einem Ende des Besenstiels an.

2 Lege dein Ohr auf das andere Ende des Besenstiels. Kannst du die Uhr hören?

3 Klebe die Uhr nun auf die Rolle Küchenpapier und wiederhole das Experiment. Kannst du die Uhr durch das Papier hören?

Richtig oder falsch?
Auf dem Mond kann man keine Geräusche hören.

Richtig. Um sich auszubreiten, benötigen Schallwellen einen Träger: Luft, Wasser oder Eisen. Auf dem Mond gibt es aber nur Leere. Wenn eine Rakete 3 m von einem Astronauten entfernt landet, kann er sie nicht hören.

Obwohl der Besen sehr lang ist, kannst du das Ticken der Uhr gut hören. Die Küchenrolle ist zwar kürzer, aber trotzdem kannst du das Ticken nicht mehr hören. Das liegt daran, dass der Besenstiel aus dichtem und stabilem Material gefertigt ist: Holz, Eisen oder Plastik. Diese Materialien sind gute Leiter, in denen sich die Schallwellen von Teilchen zu Teilchen fortsetzen. Papier aber ist weich und isoliert: Die Schallwellen werden absorbiert, und das Ticken erreicht dich nicht mehr.

ES GIBT EIN ECHO!

Um auch nachts Motten fangen zu können, verlässt sich die Fledermaus nicht auf ihre Augen. Sie stößt Töne aus, die so hoch sind, dass ein Mensch sie nicht hören kann: sogenannte Ultraschalltöne. Wenn sich ein Insekt vor der Fledermaus befindet, kommt ein Echo zurück, etwa so wie bei einem Ruf vor einen Berg. Mit ihren großen Ohren erfasst die Fledermaus das Echo und weiß, dass ihre Mahlzeit in nächster Nähe ist ...

Mit den Ohren sehen!

Du brauchst:
- einen Freund oder eine Freundin
- etwas Klebeband
- zwei Zeitschriften
- zwei Gläser
- eine tickende Uhr
- einen Topf

1 Schneide ein paar Klebestreifen ab. Rolle jede Zeitschrift zu einem Rohr und klebe es sorgfältig zusammen.

2 Lege die zwei Gläser an eine Tischkante. Lege je ein Rohr wie auf der Zeichnung auf die Gläser. Stecke die Uhr in eines der Rohre.

3 Halte dein Ohr an das andere Rohr. Bitte deinen Partner, einen Topf an das Ende der Rohre zu halten. Kannst du das Ticken mit dem Topf besser hören?

4 Schließe die Augen. Kannst du entscheiden, ob der Topf vor den Rohren ist oder nicht?

Schon gewusst?
Mithilfe von Ultraschall kann man ein Baby im Bauch seiner Mutter sehen. Mit einem kleinen Gerät, dass Ultraschalltöne abgibt, fährt man über den Bauch der Mutter. Die Töne prallen vom Babykörper zurück. Das Echo wird aufgefangen und in Bilder umgewandelt, sogenannte Ultraschallbilder.

Geräusche prallen von Gegenständen ab, wie Bälle vom Erdboden. Wenn der Topf ans Ende der Rohre gehalten wird, prallt das Ticken aus dem ersten Rohr vom Topfboden ab und erreicht dann durch das zweite Rohr dein Ohr. Du hörst das perfekte Echo. Ohne Topf kommt das Ticken zwar aus dem ersten Rohr, wird aber nicht zurückgegeben. Es gibt kein Echo. Nach derselben Methode nehmen Fledermäuse wahr, ob sich etwas in ihrer Flugbahn befindet.

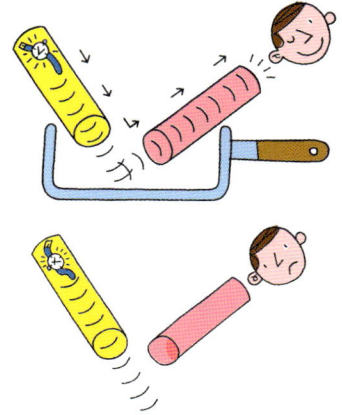

TIEFEN UND HÖHEN

Wie erkennt man mit geschlossenen Augen, ob ein Mann oder eine Frau singt? Das ist leicht! Meist haben Männer eine tiefere Stimme und Frauen eine höhere. Aber weißt du warum?

Produziere verschiedene Töne!

Du brauchst:
- ein Lineal
- einen Tisch

1 Lege ein Lineal so über die Tischkante, dass es übersteht. Lehne dich mit einer Hand darauf und halte es so fest wie rechts in der Abbildung gezeigt.

2 Mit der anderen Hand drückst du das überstehende Ende nach unten und lässt es dann los. Hörst du den Ton?

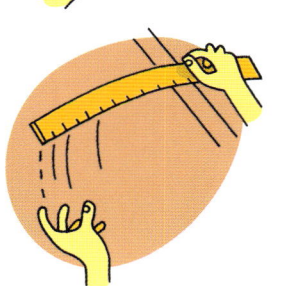

3 Lass das Lineal noch weiter überstehen und wiederhole das Experiment. Schwingt das Lineal nun schneller oder langsamer? Ist der Ton höher oder tiefer?

Noch ein Experiment

Nimm drei gleiche Gläser. Fülle das erste mit Wasser. Das zweite füllst du zur Hälfte, und das dritte lässt du leer. Klopfe mit einem kleinen Löffel vorsichtig an jedes Glas. Welches Glas klingt höher, welches tiefer?

Das leere Glas klingt am höchsten, das volle Glas am tiefsten.

Ragt das Lineal nur ein wenig über die Tischkante, schwingt es sehr schnell und der Ton ist hoch. Ist das überstehende Ende länger, schwingt es langsamer, und der Ton ist tiefer. Das ist kein Zufall: Die Höhe eines Tons ist immer von der Schnelligkeit der Schwingungen abhängig. Eine Frauenstimme ist meistens höher als die eines Mannes, weil ihre Stimmbänder schneller schwingen. Auch das Summen einer Mücke klingt höher als das Brummen einer Hummel, weil sie schneller mit den Flügeln schlägt.

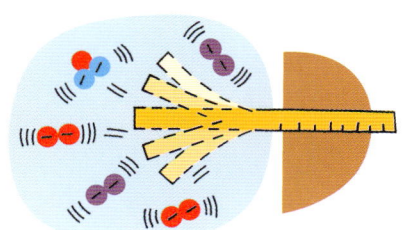

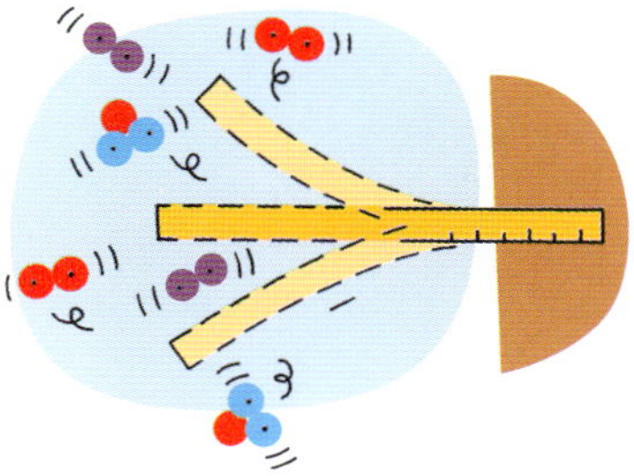

LAUTER!

Das Volumen eines Tons ist die Lautstärke, die er besitzt. Je lauter du das Radio drehst, desto größer ist die Entfernung, aus der man es hören kann. Die Lautstärke eines Geräuschs (laut oder leise) hat nichts mit seiner Höhe zu tun. Ob er schreit oder flüstert: Die Stimme dieses Mannes bleibt tief.

Drehe ihn lauter ... den Kamm!

Du brauchst:
- **einen Kamm**
- **einen Tisch, einen Teller, einen Topf ...**

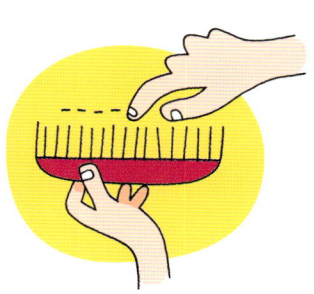

1 Halte den Kamm fest in einer Hand. Streiche mit der Fingerspitze leicht über die Zinken und höre auf das Geräusch.

2 Nun streichst du mit dem Fingernagel fester über die Zinken. Ist das Geräusch lauter oder leiser?

3 Lege den Kamm auf eine Tischkante. Lehn dich mit einer Hand auf den Kamm und streich mit der anderen über die Zinken. Hat sich der Ton verändert? Wiederhole diese Übung auf einem Topf, einem Teller ...

Schon gewusst?
Die Lautstärke wird in Dezibel (dB) gemessen.
Komplette Stille: 0 dB.
Blätter an einem Baum im Rauschen des Windes: 15 dB.
Eine Unterhaltung: 60 dB.
In der Kantine einer Schule: 95 dB.
Gewitterdonner: 120 dB.
Eine Rakete beim Start: 180 dB.
Vorsicht! Ein Geräusch, das zu laut ist und zu lange andauert, kann taub machen!

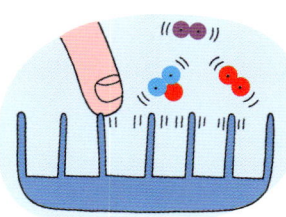
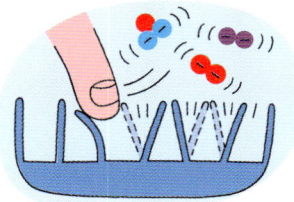

Wenn du nur leicht über die Zinken streichst, vibrieren sie nur wenig. Die umgebende Luft vibriert ebenfalls nur wenig, und das Geräusch ist leise. Es gibt zwei Möglichkeiten, die Lautstärke zu erhöhen. Du kannst kräftiger mit dem Fingernagel streichen: Die Luft vibriert stärker, und du kannst es besser hören. Du kannst den Kamm aber auch auf einen Tisch lehnen. Dann vibriert der ganze Tisch. Und weil der Tisch groß ist, bringt er mehr Luft zum Schwingen, und das Geräusch ist lauter.

LOS GEHT DIE MUSIK!

Aus der Familie der Saiteninstrumente hätte ich gern das runde amerikanische Banjo, die dreieckige russische Balalaika, die indische Sitar mit ihrem langen Hals oder die ovale Mandoline. Sie hören sich alle unterschiedlich an, da sie alle eine andere Form haben und aus unterschiedlichen Materialien gebaut werden, aus Holz, aus Metall ...

Baue ein Banjo!

Du brauchst:
- ein Holzlineal
- Klebeband
- eine kleine tiefe Pfanne
- ein Gummiband

1 Befestige das Lineal mithilfe des Klebebandes am Griff der Pfanne.

2 Schneide das Gummiband durch und klebe ein Ende an das Ende des Lineals.

3 Klebe das andere Ende des Gummibands an das gegenüberliegende Ende der Pfanne. Daneben kannst du ein weiteres Gummiband ebenso befestigen.

Was ist Musik?
Wenn du mit einem Löffel an ein Glas klopfst, ertönt ein Laut. Hast du mehrere Gläser, kannst du unterschiedliche Töne spielen. Wenn das Resultat schön ist, ist es Musik.

4 Drücke mit dem Finger einer Hand das Gummiband an das Lineal. Mit einem Finger der anderen Hand zupfst du an dem Gummi. Du hörst einen Ton. Hältst du das Gummi an einer anderen Stelle des Lineals fest, ertönt ein anderer Ton. Nun kannst du eine Melodie komponieren …

Wie eine echte Gitarre besteht auch dein Banjo aus mehreren Teilen. Da sind zunächst die Saiten: Bei deinem Banjo sind das die Gummibänder. Je nachdem, wo du sie festhältst, schwingen sie mehr oder weniger schnell, und es ertönt ein mehr oder weniger hoher Ton. Außerdem hat dein Banjo einen Resonanzkörper. Bei einer klassischen Gitarre ist er aus Holz. Hier ist es die Pfanne. Ohne sie würde dein Gummiband nur ein leises „Pling" machen. Die Pfanne vervielfacht die Lautstärke des Tons, sodass man ihn besser hört.

Und wenn es eines Tages ...
keine Geräusche und Töne mehr gäbe?

Die Schule ist aus. Tom geht ein Stück neben Kim.
„Kommst du mit? Ich muss dieses Buch zu meiner Tante Luise bringen."
„Okay, kann ich machen."
„Du wirst sehen, sie ist sehr nett. Doch sei nicht überrascht, wenn sie nicht spricht. Sie ist taubstumm, schon von Geburt an."

Als sie vor dem Haus ankommen, drückt Kim auf die Klingel.
„Warum klingelst du, wenn sie nichts hören kann?", fragt Tom erstaunt.
„Sie hat die Klingel an eine Lampe angeschlossen. Wenn sie blinkt, ist jemand an der Tür. So ähnlich ist es auch mit ihrem Wecker. Er klingelt nicht, er vibriert. Sie hat ihn unter dem Kopfkissen. Ganz schön clever, oder?"
„Und wenn das Telefon klingelt?"
„Dummkopf! Wozu braucht sie ein Telefon? Sie ist taub."

Tante Luise öffnet die Tür. Sie macht lauter lustige Gesten. Kim auch. Tom schaut erstaunt.
„Hast du noch nie etwas von Zeichensprache gehört?", fragt Kim erstaunt. „Jedes Zeichen steht für ein Wort. Für ‚Papa' zum Beispiel machst du das Zeichen für einen Schnurrbart. Meine Tante ist sehr gesprächig. Zum Unterhalten benutzt sie auch den Computer und verschickt E-Mails an ihre Freunde. Komm, sie hat uns zu einem kleinen Imbiss eingeladen."

Ein wenig ängstlich betrachtet Tom das Wohnzimmer. Es gibt kein Radio und keine CDs. Aber es gibt einen Fernseher. Doch wie versteht Kims Tante etwas ohne Ton? „Ihr Fernseher ist mit einem speziellen System ausgestattet", erklärt Kim. „Viele Ausstrahlungen werden mit Untertiteln versehen. Sie braucht sie also nur zu lesen."

Lecker! Der Kuchen ist köstlich. Um das zu sagen, streicht Tom sich über den Bauch. Tante Luise lächelt.
„Du siehst, es ist ganz einfach!", freut sich Kim. „Das größte Problem für meine Tante ist, dass sie eine Gefahr nicht hören kann: die Autos auf der Straße, Feuerwehrsirenen oder Einbrecher. Sie muss immer sehr vorsichtig sein!"

Auf der Treppe verabschiedet sich Tom unbeholfen in Zeichensprache von Tante Luise.
„Verrat es ihr nicht," sagt er zu Kim, „aber ich finde deine Tante total sympathisch und sehr hübsch."
Tante Luise lächelt, und Kim bricht in Lachen aus.
„Das Geheimnis ist gelüftet! Sie kann auch von den Lippen lesen und versteht alles."
„Upps!", sagt Tom und wird rot ...

Licht

Kannst du dir eine Welt ohne Licht vorstellen? Es wäre immer und überall Nacht. Glücklicherweise gibt es Licht, und es ist hell! Doch woraus besteht es? Wie produziert eine Kerze Licht? Warum verliert der Himmel abends seine blaue Farbe? Wie erkennen unsere Augen das Licht und die Farben? Wenn du noch nicht durchblickst, wird dir mithilfe der folgenden Experimente alles klar und deutlich!

WAS IST LICHT?

Sonnenstrahlen unter Bäumen! Was für ein schöner Anblick! Doch warum werden einige Stellen des Weges beleuchtet und andere nicht? Warum kommt das Licht nicht überall hin?

Baue ein Schattenspiel!

1 Zeichne einen Fisch, eine Katze, einen Hund und einen Vogel auf den Karton.

Du brauchst:
- kartoniertes Papier
- Stifte und Schere
- Klebeband
- Strohhalme
- eine Taschenlampe

2 Schneide die Tiere aus und klebe sie jeweils an das Ende eines Strohhalms.

3 Lege die Taschenlampe in einem dunklen Zimmer so hin, dass sie aus einer Entfernung von 1 m eine leere Wand bestrahlt.

4 Halte die Tiere am Strohhalm zwischen Lampe und Wand. Spiele mit ihren Schatten.

So funktioniert dein Schattenspiel: Die Glühbirne der Taschenlampe produziert Licht. Licht besteht aus kleinen Energieteilchen, die Photonen genannt werden. Sie kommen aus der Glühbirne und sausen in geraden Linien davon. Solange sie nicht auf ein Hindernis treffen, erreichen sie die Mauer und beleuchten sie. Stoßen sie jedoch mit einem Papptier zusammen, werden sie angehalten. Dahinter gibt es kein Licht. Daher kannst du den Schatten der Tiere an der Wand sehen.

Schon gewusst?

Licht besteht aus Teilchen, den Photonen. Physiker vergleichen das Licht auch mit einer Welle. So kann man besser verstehen, was Farben sind.

29

WAS MACHT DAS LICHT?

Ein Lagerfeuer, eine brennende Glühbirne und die Sonne produzieren Licht. Doch die drei haben noch eine weitere Gemeinsamkeit ...

So entsteht Licht

1 Bitte einen Erwachsenen, 10 cm Kabel abzuschneiden und die Kunststoffisolierung über 5 cm zu entfernen. Lass nur einen Kupferdraht stehen und knicke alle anderen um.

Du brauchst:
- einen Erwachsenen
- ein Messer
- ein Stromkabel
- eine Kerze

2 Bitte einen Erwachsenen, eine Kerze in einem abgedunkelten Zimmer anzuzünden.

3 Halte den Kupferdraht einige Sekunden in die Flamme. Siehst du, wie er rot wird? Und wenn du ihn aus der Flamme nimmst? Halte ihn nicht zu lange in die Flamme, sonst schmilzt das Kabel!

Richtig oder falsch?
Es gibt Tiere, die Licht produzieren.

Richtig. Glühwürmchen beispielsweise sind Insekten, die sich gegenseitig durch ihr Leuchten anziehen. Sie produzieren Licht durch eine chemische Reaktion, die in ihrem Körper stattfindet.

Der Kupferdraht erhitzt sich, wird rot und leuchtet. Der Draht wird also so heiß, dass er Photonen produziert. Dadurch leuchtet er, selbst in der Nacht. Wenn er abkühlt, leuchtet er nicht mehr. Das Licht wird also durch Hitze produziert. Dasselbe geschieht mit den Drähten in einer Glühbirne, mit einer Kerzenflamme oder mit den Gasen, die die Sonne aufheizen.

BELEUCHTETE OBJEKTE

Sieh dich einmal um: Da gibt es ein Buch, einen Tisch, Stühle ... Du kannst diese Gegenstände nur sehen, weil sie Lichtwellen zu deinen Augen senden. Aber produzieren sie dieses Licht selbst?

Was siehst du nachts?

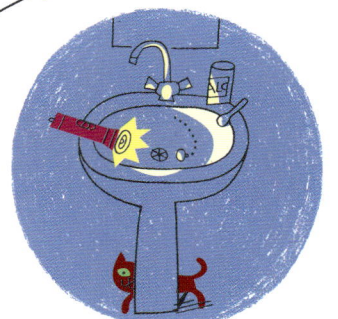

1 Gehe ins Badezimmer und verdunkle es vollständig. Knipse die Taschenlampe an und lege sie auf den Waschbeckenrand.

Du brauchst:
- ein Badezimmer
- eine Taschenlampe
- einen Löffel voll Talkumpuder (aus der Apotheke)

2 Halte den Löffel mit dem Puder vor deinen Mund. Puste das Puder vorsichtig in den Lichtschein. Ab wann siehst du es?

Schon gewusst?
Die Sonne produziert sehr viele Photonen. Sie reisen durch die Atmosphäre und prallen auf den Boden, an die Bäume oder Mauern. Von da aus kommen sie durch die Fenster in unsere Häuser und schenken uns während des Tages ihr Licht.

3 Immer noch im Dunkeln öffnest du eine Schublade. Was musst du tun, um den Inhalt zu sehen?

Die Taschenlampe produziert ihr eigenes Licht. Darum kannst du sie im Dunkeln auch sehen. Das Puder oder die Badutensilien dagegen produzieren kein Licht, daher kannst du sie im Dunkeln nicht sehen. Sichtbar sind sie nur im Lichtschein der Lampe. Die Photonen, die von der Taschenlampe ausgehen, prallen auf das Puder oder die Badutensilien und von da aus zu deinen Augen. Nur deshalb kannst du sie sehen.

SPIEGLEIN, SPIEGLEIN ...

Ein kurzer Blick in den Spiegel, um zu überprüfen, ob die Frisur sitzt. Aber warum kann man sich im Spiegel sehen?

Reflektiere das Licht!

1 Lege die Taschenlampe in einem dunklen Zimmer auf den Tisch, nicht zu weit vom großen Spiegel entfernt.

Du brauchst:
- eine Taschenlampe
- einen großen, an der Wand hängenden Spiegel
- einen oder mehrere kleine Spiegel

2 Nimm einen kleinen Spiegel und halte ihn in den Lichtschein der Lampe. Siehst du nun einen Lichtfleck an der Wand?

3 Bewege den kleinen Spiegel, bis der helle Fleck auf den großen Spiegel wandert. Nun sieh hinter dich, da müsste noch ein heller Fleck sein.

4 Wenn ihr zu mehreren seid, nehmt noch einen Spiegel und bildet eine Kette.

Sobald du den Spiegel in den Lichtstrahl hältst, reflektiert er das Licht wie ein Ball, der vom Boden aufspringt. Nun scheint das Licht in eine andere Richtung. Wenn du diesen Lichtstrahl mit einem zweiten Spiegel auffängst, wird es wiederum in eine andere Richtung reflektiert. Das ist auch der Grund, warum du dich in einem Spiegel sehen kannst. Das Bild deines Gesichts wird reflektiert und erscheint vor deinen Augen. Nun kannst du dich sehen!

Schon gewusst?
1969 haben Astronauten einen Spiegel auf dem Mond aufgestellt. Dann schickte man von der Erde aus einen Laserstrahl auf den Spiegel. Das Licht brauchte 3 Sekunden für den Hin- und Rückweg. Im Weltall reist das Licht mit einer Geschwindigkeit von 300 000 km/h!

RICHTUNGSWECHSEL

Wenn du einen Schwimmer im Wasser beobachtest, erscheint er dir viel kleiner. Dies ist eine optische Täuschung, denn das Licht spielt uns einen Streich.

Lass eine Münze verschwinden!

1 Klebe die Münze nah an den Rand auf den Boden des kleinen Topfes.

2 Setze dich an einen Tisch. Stelle den Topf so auf den Tisch, dass die Münze auf deiner Seite ist.

3 Nähere dich dem Topf, um die Münze zu sehen. Nun lehne dich zurück, bis die Münze hinter dem Topfrand verschwindet. Bleib so sitzen.

4 Bitte jemanden, Wasser aus dem großen Topf in den kleinen zu gießen. Erscheint die Münze wieder?

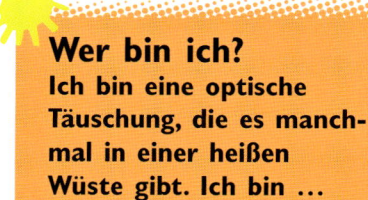

Du brauchst:
- eine Geldmünze
- etwas Klebeband
- einen kleinen Topf
- einen großen, mit Wasser gefüllten Topf

Wer bin ich?
Ich bin eine optische Täuschung, die es manchmal in einer heißen Wüste gibt. Ich bin …

Eine Fata Morgana. Manchmal sehen Reisende eine Oase in der Nähe, obwohl sie noch sehr weit weg ist. Aufgrund großer Temperaturunterschiede wird das Licht in der Luft gebrochen und führt zu optischen Täuschungen.

Wenn der Topf leer ist, kannst du die Münze nicht sehen. Sie ist hinter dem Topfrand versteckt. Die Photonen, die von der Münze abprallen, gehen einen geraden Weg: Sie können nicht um den Topfrand zu deinen Augen wandern. Anders ist es aber, wenn Wasser im Topf ist. Sobald die Photonen aus dem Wasser an die Luft kommen, ändern sie ihre Richtung. So kommen sie am Topfrand vorbei und erreichen deine Augen, sodass du die Münze sehen kannst.

DIE LINSEN

Eine Lupe ist sehr nützlich, um kleine Dinge besser zu sehen. Wenn du keine hast, kannst du dir eine basteln.

Baue eine Lupe!

Du brauchst:
- eine Zeitung
- einen großen Glasteller mit flachem Boden
- einen Löffel
- ein Glas mit Wasser

1 Lege die Zeitung auf einen gut beleuchteten Tisch. Stelle den Glasteller auf die Zeitung.

2 Tauche den Löffel in das Wasserglas. Verteile einige Tropfen auf dem Glasteller: kleine, mittlere und große.

3 Betrachte die Buchstaben in der Zeitung durch das Wasser und verschiebe dabei den Teller. Vergrößern die Tropfen die Buchstaben alle gleich?

Richtig oder falsch?
Es gibt auch Linsen, die Gegenstände verkleinern und nicht vergrößern.

Richtig. Konkave Linsen (mit einer Vertiefung) verkleinern die Gegenstände. Konvexe Linsen (mit einer Wölbung) vergrößern sie.

Je größer die Tropfen sind, desto mehr vergrößern sie die Buchstaben. Du hast eine Lupe hergestellt! Erinnere dich an das Experiment der vorhergehenden Seite, um zu verstehen, wie eine Lupe funktioniert: Wenn das Licht aus dem Wasser an die Luft kommt, ändert es die Richtung. Das Licht, das von der Zeitung reflektiert wird, wird durch das Wasser verformt und erscheint größer. Eine Lupe aus Glas funktioniert genauso.

ES IST IM KASTEN!

Klick, klick! Ob alt oder modern — alle Fotoapparate funktionieren nac demselben Prinzip. Sie benötigen eine dunkle Kammer und ein kleines Loch, um das Licht einzufangen.

Baue einen Fotoapparat!

Du brauchst:
- ein spitzes Messer
- einen Milch- oder Saftkarton
- Pauspapier
- Klebeband
- eine Stecknadel

1 Schneide mit dem Messer ein möglichst großes Fenster in den Milchkarton. Klebe ein Stück Pauspapier auf das Fenster.

2 Drehe den Karton um. Stich mit der Nadel ein kleines Loch in die Mitte der anderen Seite.

3 Am Abend hältst du den Karton vor eine Lampe, das Loch zeigt zur Lampe. Erscheint die Lampe auf dem Pauspapier? Was bemerkst du? Probiere es auch mit anderen Lampen aus.

Schon gewusst?
Fotoapparate besitzen vor dem Loch zur dunklen Kammer eine Linse. Dadurch kann die Bildschärfe reguliert werden.

Auf dem Pauspapier erscheint die Lampe auf dem Kopf! Das Licht der Lampe kommt durch das kleine Loch, wird aber gleichzeitig umgedreht: Oben wird unten und links wird rechts. Genauso funktionieren Fotoapparate. Es gibt eine dunkle Kammer, ein Loch, um das Licht einzufangen und einen Film oder elektronische Zellen, auf denen das Bild entsteht und aufgenommen wird. Alle Bilder stehen auf dem Kopf, aber das ist nicht schlimm. Man kann das Foto ja umdrehen.

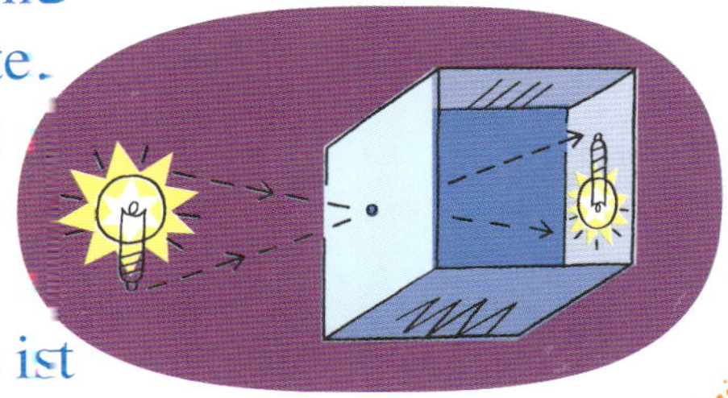

MEIN AUGE!

Hast du schon bemerkt, dass die Pupillen einer Katze nicht immer die gleiche Form haben? Manchmal sind sie nur eine schmaler Streifen in der Mitte des Auges. Manchmal sind sie so breit, dass sie fast rund sind. Weißt du warum?

Verkleinere die Pupille!

1 Betrachte an einem hellen Ort die Augen deines Freundes oder deiner Freundin.

Du brauchst:
- einen Freund oder eine Freundin (möglichst mit blauen Augen)
- eine Taschenlampe
- einen Spiegel

2 Nähere dich mit der Taschenlampe langsam seinen oder ihren Augen. Verändert die Pupille ihre Größe?

Wer bin ich?
Wenn es zu viel Licht gibt, steckst du mich auf die Nase, und ich beschütze deine Augen. Ich bin …

3 Gehe nun in ein fast dunkles Zimmer und sieh dir deine Pupillen im Spiegel an. Mach das Licht an und beobachte, was mit deinen Pupillen passiert.

Eine Sonnenbrille. An den Meeresküsten oder im Schnee gibt es sehr viel Licht. Deine Pupillen sind verengt, lassen aber noch immer zu viel Licht in dein Auge. Um die Augen vor Schäden zu schützen, sollte man eine Sonnenbrille aufsetzen.

Wenn es sehr hell ist, verengt sich die Pupille. Deine Augen funktionieren wie die dunkle Kammer in dem Experiment auf der vorhergehenden Seite. Am inneren Ende des Auges befindet sich die Netzhaut, eine Art Leinwand, auf der sich das Bild formt. Vorn am Auge gibt es ein Loch, durch das das Licht eindringt: die Pupille. Im Dämmerlicht vergrößert sich deine Pupille automatisch, um möglichst viel Licht einzulassen. In vollem Sonnenlicht verengt sie sich damit du nicht geblendet wirst.

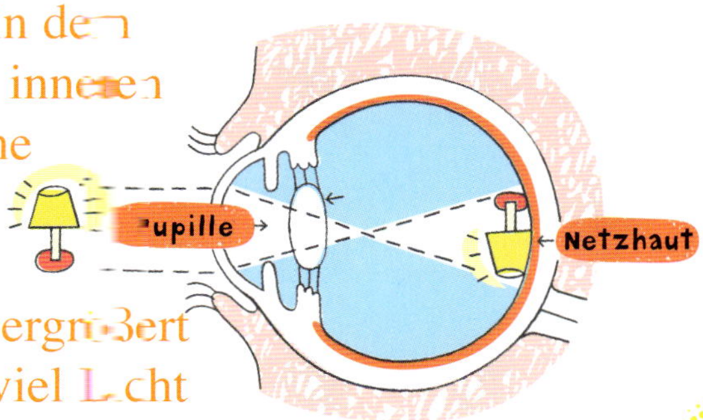

Pupille — Netzhaut

43

DER REGENBOGEN

Das Licht, das uns die Sonne schickt, ist weiß. Doch manchmal, wenn die Sonne scheint und es gleichzeitig regnet, erscheint ein Regenbogen am Himmel. Woher kommen bloß diese schönen Farben?

Erschaffe dir einen Regenbogen!

Du brauchst:
- einen Erwachsenen
- eine Taschenlampe ... oder die Sonne
- ein durchsichtiges, rundes Glas
- etwas Wasser

1 Machst du das Experiment mit einer Taschenlampe, funktioniert es im Dunkeln am besten. Fülle das Glas mit Wasser und stelle es auf eine Tischkante.

2 Leuchte mit der Taschenlampe von oben auf das Glas und die Wasseroberfläche. Am Fuß des Tisches sollte auf dem Boden ein kleiner Regenbogen erscheinen. Wenn du ihn nicht sofort siehst, bewege die Lampe etwas näher an den Tisch und versuche es noch einmal.

3 Am besten funktioniert es, wenn Sonnenstrahlen durch ein Fenster in dein Haus kommen! Bitte einen Erwachsenen, das Wasserglas gegen die Scheibe zu halten. Auf dem Boden erscheint ein schöner Regenbogen.

Schon gewusst?
Nimm eine CD und lege sie unter eine Lichtquelle. Kannst du die sechs Regenbogenfarben erkennen?

Das sind die Farben: Lila, Blau, Grün, Gelb, Orange und Rot. Manchmal kommt auch eine siebte Farbe hinzu: Indigo, ein sehr dunkles Blau.

Wie du vielleicht weißt, erhält man die Farbe Grün, wenn man die Farben Blau und Gelb mischt. Licht kann man ebenso mischen: Wenn man rotes, orangefarbenes, gelbes, blaues, grünes und lilafarbenes Licht mischt, erhält man weißes Licht! Das weiße Sonnenlicht oder das weiße Licht deiner Taschenlampe ist also eine Mischung all dieser Farben. Der Beweis: Sobald das Licht durch das Wasserglas gebrochen ist, teilt es sich in die einzelnen Farben auf – und genau das ist der Regenbogen!

45

EINE ORANGE SONNE

Wie schön! Wenn die Sonne untergeht, verändert sie ihre Farbe. Das liegt daran, dass die Sonnenstrahlen am Abend eine dicke Luftschicht passieren, bevor sie unsere Augen erreichen. Diese Luftschicht lässt nur die roten und orangefarbenen Lichtstrahlen passieren. Deswegen sieht es so aus, als habe die Sonne diese Farbe.

Ein Sonnenuntergang im Wasserglas!

Du brauchst:
- ein weißes Blatt Papier
- ein Glas mit Wasser
- eine Taschenlampe
- einen Teelöffel
- etwas Milch

1 Falte das Blatt in der Mitte und stelle es hinter das Wasserglas. Es dient dir als Leinwand.

2 Knipse die Taschenlampe an und beleuchte das weiße Papier durch das Wasserglas. Welche Farbe hat das Licht auf dem Papier?

3 Nimm einen Teelöffel Milch, gib ihn in das Wasserglas und verrühre ihn sorgfältig. Verändert sich die Farbe des Lichts auf dem Papier? Gib einen zweiten Teelöffel hinzu. Dann einen dritten ... Was bemerkst du?

Wenn du die Milch in das Wasserglas gibst, wird der Lichtfleck gelb-orange. Wie du schon weißt, produziert deine Taschenlampe weißes Licht. Dieses Licht ist eine Mischung aus lilafarbenem, grünem, blauem, gelbem, orangenem und rotem Licht. All diese Farben kommen in das Wasserglas. Doch manche werden von der Milch aufgehalten, nämlich Lila, Blau und Grün. Nur gelbes, orangefarbenes und rotes Licht durchquert das Glas und erreicht das Papier. Darum erscheint der Lichtfleck nun auch gelb-orange.

WAS IST FARBE?

Was für Farben! Wie viele Farben kannst du auf diesem Karnevalsbild sehen? Gelb, Blau, Grün ... Doch weißt du, warum du die Nasen der Clowns in Rot siehst?

Bring Farbe auf die Wand ... ohne Pinsel!

Du brauchst:
- eine Taschenlampe
- dieses Buch
- eine weiße Wand

1 Mach dieses Experiment im Dunkeln. Knipse die Taschenlampe an und alle anderen Lampen aus. Stelle dich neben die weiße Wand.

2 Halte das Buch parallel zur Wand. Beleuchte verschiedene Stellen einer Buchseite so, dass das Licht an der Wand reflektiert wird. Beobachte dabei die Wand.

3 Wenn die Taschenlampe etwas Blaues im Buch beleuchtet, wird der Fleck an der Wand ebenfalls blau. So ist es mit jeder anderen Farbe auch.

Das weiße Licht aus deiner Taschenlampe ist eine Mischung aller Regenbogenfarben. Sobald dieses Licht auf die Buchseite trifft, wird ein Teil der Farben reflektiert, ein anderer Teil wird von der Seite regelrecht aufgesaugt (absorbiert). Wenn beispielsweise weißes Licht auf eine blaue Seite trifft, wird nur diese Farbe reflektiert. Dieses blaue Licht beleuchtet die Wand und lässt dich die Seite in Blau sehen. Eine Banane reflektiert gelbes Licht und schickt es zu deinen Augen. Und eine Clownsnase reflektiert rotes Licht.

49

NICHTS ALS PUNKTE

In Wahrheit sitzt dieser Marienkäfer auf einem grünen Blatt. Dennoch brauchte man keine grüne Tinte, um diese Seite zu drucken. Ein gedrucktes Bild besteht aus Tausenden von gelben, roten, blauen und schwarzen Farbpunkten. Liegen gelbe und blaue Punkte übereinander, ergibt das Grün.

Entdecke die Farben eines Fernsehers!

Du brauchst:
- durchsichtige Frischhaltefolie
- einen Farbfernseher
- ein Glas Wasser

1 Schneide ein Stück Frischhaltefolie ab. Spanne sie über den Bildschirm, um ihn nicht zu verschmutzen. Mach den Fernseher an.

2 Tauche eine Fingerspitze ins Wasser und halte sie an die Folie. Nimm den Finger wieder weg, sodass nur ein kleiner Tropfen Wasser auf dem Bildschirm verbleibt.

3 Nun schau durch diesen kleinen Tropfen. Du müsstest kleine Punkte in drei verschiedenen Farben sehen. Welche sind es?

Die Punkte im Fernseher sind blau, rot und grün. Manchmal hat er mehr grüne, rote oder blaue Punkte. Aber andere Farben hat er nie. Sobald du durch den Tropfen siehst, dient dir das Wasser als Lupe. Dadurch erscheinen die Punkte vergrößert, und du kannst sie besser sehen. In Wahrheit sind die Punkte so klein, dass deine Augen sie nicht mehr sehen können. Sie sehen nur eine Mischung aus rotem, blauem und grünem Licht. Wie du weißt, kann man Farben mischen und erhält dadurch andere Farben. Auf diese Weise kannst du Tausende von Farben im Fernsehen sehen.

Schon gewusst?
Die drei Farben, aus denen man alle anderen Farben mischen kann, heißen Primärfarben. In der Malerei sind es Blau, Rot und Gelb. In deinem Fernseher sind es Blau, Rot und Grün.

FARBEN SEHEN

In unseren Augen gibt es Tausende von farbempfindlichen Sensoren. Sie funktionieren ähnlich wie kleine Kameras. Einige sehen die Farbe Schwarz, andere Blau, Grün oder Rot. Sobald der blaue Drachen blaues Licht zu deinen Augen sendet, setzen sich die entsprechenden Farbsensoren in Bewegung und signalisieren dies an dein Gehirn.

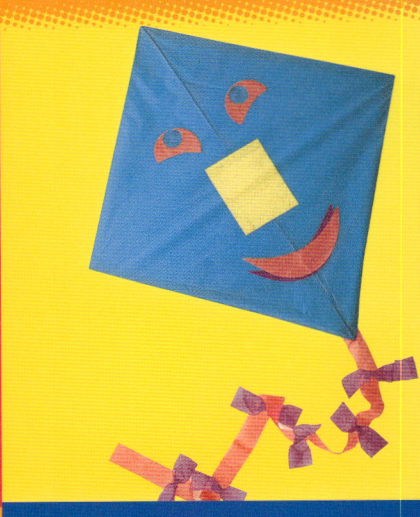

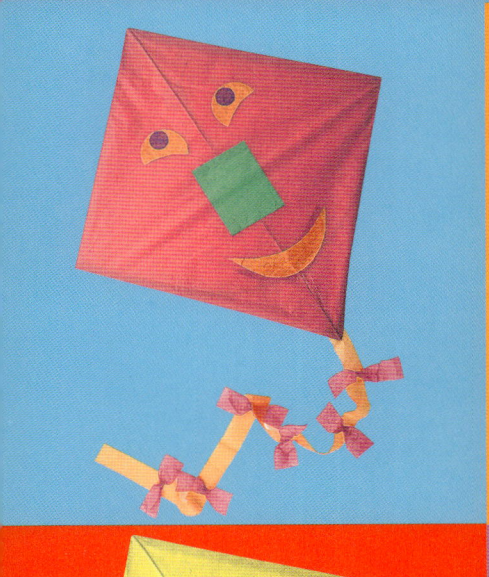

Ein Zauberfisch!

Du brauchst:
- eine Lampe
- dieses Buch

1 Lege das Buch unter eine Lampe, sodass es hell beleuchtet ist.

2 Beobachte den roten Fisch unten, ohne deine Augen zu bewegen, und zähle bis 30.

3 Jetzt sieh in das Innere des Glases. Taucht dort ein Fisch auf? Zwinker mit den Augen, falls du ihn nicht siehst. Siehst du ihn jetzt? Welche Farbe hat er?

Ein Test

Was siehst du auf diesem Bild? Wenn du eine 17 siehst, können deine Augen Farben gut unterscheiden. Wenn du sie nicht siehst, bist du vielleicht farbenblind: Deine Augen können Rot und Grün nicht unterscheiden. Das ist nicht weiter schlimm: Einer von 10 Jungen ist farbenblind, bei Mädchen kommt es etwas seltener vor.

Ein blau-grüner Fisch! Wenn du den Fisch ansiehst, empfangen deine Augen rotes Licht. Die roten Lichtsensoren arbeiten sehr intensiv. Siehst du dann auf das weiße Papier, sind die Sensoren ermüdet und arbeiten nicht mehr. Nur die Sensoren, die Grün oder Blau sehen, funktionieren noch. Daher ist der Fisch nun auch blau-grün.

Und wenn es eines Tages ...
kein Licht mehr gäbe?

Plötzlich wird mitten im Film die Kinoleinwand dunkel. „Oh, nein!", sagt Jakob erstaunt, „was ist passiert?" Im Dunkeln dreht er sich zu Marie.
„Warum können wir *Die Nacht der Baby-Vampire* nicht zu Ende sehen? Es gibt nur noch Ton, aber kein Bild mehr!"

„Das ist komisch", wundert sich auch Marie, „auch die Schilder der Notausgänge sind nicht mehr beleuchtet."
„Meine Uhr hat auch kein Licht mehr. Es gibt überhaupt kein Licht mehr! Mama, was ist passiert?"
Aber Jakobs Mutter antwortet nicht. Sie hatte doch neben ihnen gesessen!
„Mama! Bist du da? ... Bist du rausgegangen?"

In der Dunkelheit verlassen Jakob und Marie Hand in Hand das Kino. Draußen ist es stockdunkel, obwohl es Nachmittag ist! Die Sonne ist ausgegangen. Die Ampeln und Laternen auch.
„Das ist ein Albtraum! Es gibt gar kein Licht mehr. Es ist, als wären wir blind."
„Was können wir machen, um meine Mutter zu finden? Oder den Weg nach Hause?"
„Setzen wir uns hin und warten wir ab", schlägt Marie vor.

„Glaubst du, dass es lange dauern wird?", fragt Jakob.
„Ich hoffe nicht! Wir können nicht lange ohne Licht überleben. Die Pflanzen brauchen es zum Leben. Ohne Licht sterben sie. Danach sterben die Tiere, die sich von den Pflanzen ernähren ... Man kann nicht leben auf einem Planeten ohne Licht."
„Sag mir, dass das nur ein böser Traum ist ..."

„Und außerdem ist mir kalt!", sagt Jakob zitternd.
„Das Licht der Sonne erwärmt die Erde. Ohne sie sinkt die Temperatur so tief, dass das Wasser in den Ozeanen gefriert."
„Aber das ist ein echter Albtraum!", ruft Jakob aus.
„Sag mir, dass das wirklich nur ein Traum ist!"

Plötzlich ist das Licht wieder da. Jakob blickt sich um. Aber ... er ist ja im Kino! Seine Mutter und Marie sitzen neben ihm. Was für eine Erleichterung!
„Bist du eingeschlafen?", fragt Marie ihn. „Du hast so kleine Augen. Dabei war der Film *Die Nacht der Baby-Vampire* total gruselig."
„Ich brauche den Film nicht, um mich zu gruseln! Ich bin aber froh, dass das Licht wieder da ist."

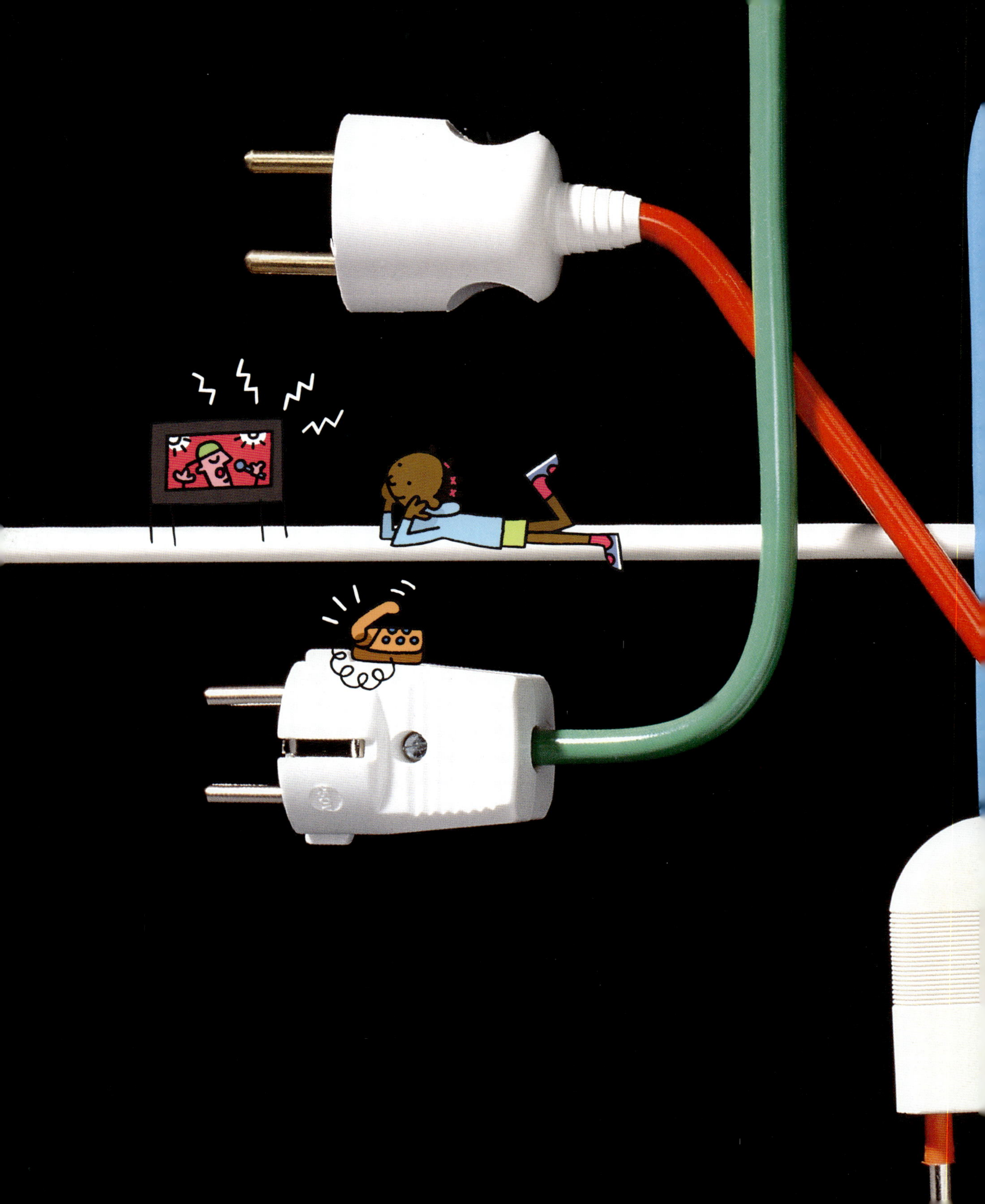

Elektrizität

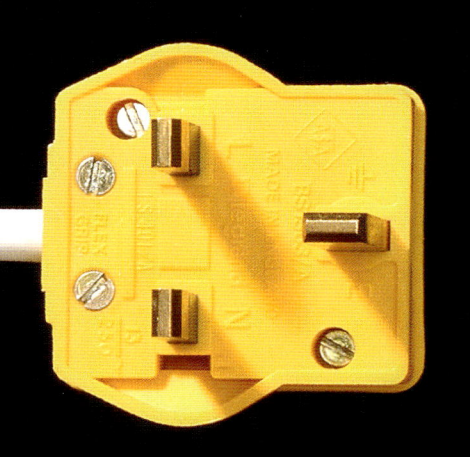

Eine Lampe, ein Fernseher, ein Computerspiel ...
Du weißt, dass diese Dinge mithilfe der Elektrizität
funktionieren. Aber was ist Strom? Mach die Experimente in diesem Buch, um die Geheimnisse dieser
großartigen Energie zu entdecken. Doch Vorsicht! Führe
NIE irgendwelche Experimente mit einer Steckdose
durch. Stecke niemals deine Finger oder ein elektrisches
Kabel in die Steckdose. Das ist sehr gefährlich!
Du könntest einen Stromschlag bekommen.

WAS IST STROM?

Ohne Strom wäre dieses Karussell ziemlich langweilig! Die Lampen wären aus. Der Motor, der es dreht, würde nicht funktionieren. Und es gäbe keine Musik. Strom ist wirklich sehr nützlich. Aber weißt du, woraus er besteht?

Fühle elektrischen Strom!

Du brauchst:
• eine Flachbatterie mit 4,5 Volt

1 Wische die beiden Laschen mit einem trockenen Tuch ab.

2 Stecke deine Zunge zwischen die Laschen, sodass sie gleichzeitig beide berührt. Was spürst du?

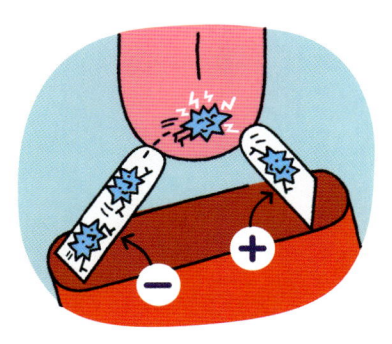

Ah, es kribbelt! Du spürst die Elektrizität, die durch deine Zunge fließt. Elektrizität besteht aus kleinsten Materieteilchen. Sie ähneln Sandkörnern, sind jedoch so klein, dass man sie nicht sehen kann. Diese Partikel heißen Elektronen. Wenn du deine feuchte Zunge zwischen die Laschen steckst, benutzen die Elektronen sie als Brücke: Sie starten von einer Lasche und überqueren deine Zunge, um zur anderen zu gelangen. Diese Wanderung der elektrischen Partikel wird als Strom bezeichnet.

Elektrischer Strom aus einer Batterie ist nicht stark. Daher spürst du nur ein leichtes Kribbeln. Der Strom aus einer Steckdose ist viel stärker. Wenn man in eine Steckdose fasst, kann man einen elektrischen Schlag bekommen, der im schlimmsten Fall tödlich sein kann. Weder Kinder noch Erwachsene dürfen jemals ihre Finger oder elektrische Kabel direkt in eine Steckdose stecken!

STATISCHE ELEKTRIZITÄT

Nein, diese Mädchen verwenden kein außergewöhnliches Haarshampoo! Sie sind in einem wissenschaftlichen Museum und machen ein Experiment. Aufgrund der statischen elektrischen Ladung in der Metallkugel stehen ihre Haare nach oben.

Zieh es an ... ohne es zu berühren!

Du brauchst:
- **ein Blatt Papier**
- **ein Plastiklineal**
- **einen Wollpullover**

1 Nimm das Blatt Papier und zerreiße es in viele kleine Schnipsel.

2 Halte das Lineal direkt über die Schnipsel. Was passiert?

3 Nun reibst du das Lineal über deinen Pullover und zählst bis 20. Das Experiment funktioniert am besten, wenn der Pullover aus reiner Wolle ist.

4 Halte das Lineal über die Schnipsel. Was passiert nun?

Schon gewusst?
Vor 2500 Jahren kannten die alten Griechen weder Batterien noch Glühbirnen. Doch sie vergnügten sich schon mit statischer Elektrizität. Sie rieben ein Harz, das als Bernstein bezeichnet wird, um Federn anzuziehen. *Bernstein* heißt in ihrer Sprache *Elektron*. Später entwickelte sich aus diesem Wort der Begriff „Elektrizität".

Wenn du das Lineal nicht reibst, passiert nichts. Hast du es aber länger gerieben, zieht es die Schnipsel an. Das ist keine Zauberei, sondern Elektrizität! Durch das Reiben zieht das Lineal elektrische Partikel aus der Wolle und lädt sich elektrisch auf. Es handelt sich um statische Elektrizität. Sobald du das Lineal dann an die Schnipsel hältst, zieht die Elektrizität sie an.

ELEKTRIZITÄT IN DER LUFT

Während eines Gewitters bewegen sich die Wassertropfen in den Wolken sehr stark. Dadurch laden sie sich mit statischer Elektrizität auf, ähnlich einem Lineal, dass man über Wolle reibt. Sobald die Wolke zu viel Elektrizität enthält, fließt Strom durch die Luft in Richtung Erdboden. Das ist der Blitz.

Lass es blitzen und funken!

Du brauchst:
- eine Flachbatterie mit 4,5 Volt
- eine elektrisches Kabel mit blanken Enden
- Klebeband
- eine Heftzwecke aus Metall

1 Nimm das Kabel und befestige ein Ende mithilfe des Klebebandes an einer Lasche der Batterie. Wickle das andere Ende um die Spitze der Heftzwecke.

2 Halte nun die Heftzwecke ganz nah an die zweite Lasche. Betrachte die kleinen Blitze! Mach dieses Experiment nicht zu lang, weil die Heftzwecke schnell heiß wird.

Schon gewusst?
In einem einzigen Blitz steckt soviel Elektrizität, wie eine große Glühbirne in etwa einem Jahr verbraucht. Leider weiß man nicht, wie man diese Energie nutzen kann. Sie verschwindet im Boden und ist verloren.

In einer Batterie drängen die elektrischen Partikel von einer Lasche zur anderen. Sie starten von der ersten Lasche und erreichen durch das Kabel die Heftzwecke. Doch dort werden sie blockiert: Um zur anderen Lasche zu gelangen, müssen sie durch die Luft. Das können sie jedoch nicht. Hältst du die Heftzwecke aber ganz nah an die Lasche, wird es möglich. Und, hopp, sie springen. Die kleinen Blitze, die du siehst, ist die Elektrizität, die die Luft durchquert.

63

DIE ELEKTRISCHE BATTERIE

Was für eine drollige Maschine! Aber was ist das? Ein Verteiler von Geldmünzen? Nein, das ist eine elektrische Batterie. Sie sieht aus wie die allererste Batterie, die vor 200 Jahren erfunden wurde. Sie funktioniert ungefähr so wie die, die du gleich bauen wirst.

Baue eine Batterie!

Du brauchst:
- **zwei Elektrokabel mit blanken Enden**
- **eine Büroklammer aus Metall**
- **ein Glas mit etwas Essig**

1 Wische die Kabelenden mit einem trockenen Tuch ab. Nun befestigst du das Ende eines Kabels an der Büroklammer.

2 Lege die Büroklammer und ein Ende des zweiten Kabels in den Essig. Sei vorsichtig: Im Glas darf das Kabel mit der Büroklammer das andere Kabel nicht berühren.

3 Lege eines der beiden Kabel auf deine Zunge.

4 Nun legst du das zweite Kabel ebenfalls auf die Zunge. Schmeckt es nun anders?

Bravo! Du hast eine elektrische Batterie gebaut! Sobald du beide Kabel auf der Zunge hast, bemerkst du einen eigenartigen Geschmack. Das ist Elektrizität. Sie entsteht im Glas durch das Metall der Büroklammer, die Kupferkabel und den Essig. Man nennt dies eine chemische Reaktion. In Batterien gibt es zwar keinen Essig, aber die Elektrizität entsteht auch hier aufgrund einer chemischen Reaktion.

Schon gewusst?
Es war ein Italiener namens Volta, der vor über 200 Jahren die Batterie erfand. Dazu schichtete er in einem Glasröhrchen feuchte Zinkplatten aufeinander. Nach ihm wurde auch die Einheit für elektrische Spannung benannt: Volt.

ES WIRD HELL!

Früher gab es nur Kerzen oder Petroleumlampen. Das war nicht ungefährlich, denn immer wieder war dies die Ursache für Feuersbrünste. Glücklicherweise erfand Thomas Edison 1879 die elektrische Glühbirne.

Woher kommt das Licht?

Du brauchst:
- die Glühbirne einer Taschenlampe
- eine Sonnenbrille
- eine Flachbatterie mit 4,5 Volt

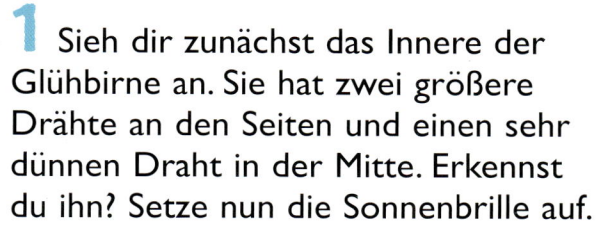

1 Sieh dir zunächst das Innere der Glühbirne an. Sie hat zwei größere Drähte an den Seiten und einen sehr dünnen Draht in der Mitte. Erkennst du ihn? Setze nun die Sonnenbrille auf.

2 Halte die Birne an eine Lasche der Batterie.

3 Nun neigst du die Birne, bis sie auch die zweite Lasche berührt. Sie leuchtet. Welche Drähte leuchten? Die beiden großen oder der kleine?

Wer bin ich?

Ich bin fest zwischen zwei Drähten gespannt und ganz klein. Aber wenn ich will, kann ich so heiß werden, dass ich leuchte – und zwar so hell, dass du mein Licht sehen kannst. Ohne mich bleibt es dunkel. Wer bin ich?

Antwort: der Glühdraht

Du weißt bereits, dass der Strom einer elektrischen Batterie aus kleinen elektrischen Partikeln besteht. Sie wandern hintereinander über einen Draht. Ist der Draht dick, haben sie viel Platz zum Passieren. Doch wenn der Draht dünn ist, ist es sehr eng. Sie reiben sich aneinander und erhitzen den Draht. Er wird so heiß, dass er zu glühen beginnt. Dadurch leuchtet er.

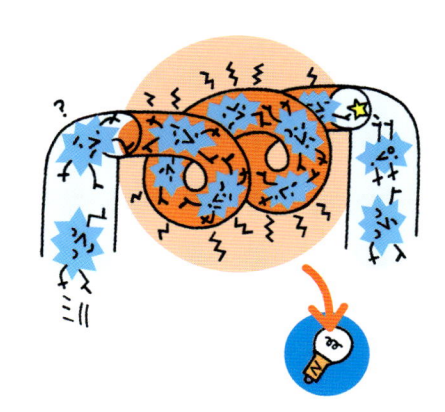

VIEL ELEKTRIZITÄT

Ein kleines Radio benötigt nur wenig Strom. Da genügt eine Batterie. Um ein Haus oder eine ganze Stadt mit Strom zu versorgen, benötigt man mehr. Strom in großen Mengen wird in Kraftwerken oder einem Stauwerk wie diesem hergestellt. Das Wasser treibt Turbinen an, die den Strom produzieren.

Und wenn man mehr Strom hat?

Du brauchst:
- **ein Kabel mit blanken Enden**
- **Klebeband**
- **zwei kleine 1,5-Volt-Batterien**
- **die Glühbirne einer Taschenlampe**

1 Nimm das Kabel und klebe ein Ende an den ⊖-Pol der Batterie. Wickle das andere Ende um das Birnchen.

2 Halte den Fuß der Birne an die andere Seite der Batterie. Sie leuchtet. Ist es dir hell genug?

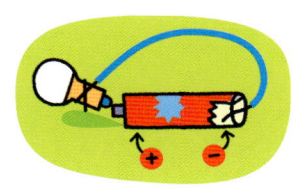

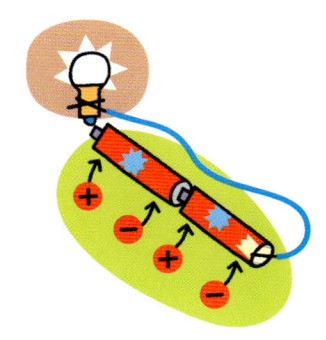

3 Wiederhole das Experiment mit zwei Batterien. Der ⊕-Pol muss wie auf der Zeichnung dargestellt den ⊖-Pol der zweiten Batterie berühren. Leuchtet die Glühbirne nun heller oder dunkler als vorher?

Schon gewusst?
Ein Länge wird in der Regel in Metern angegeben. Um Elektrizität zu messen, verwendet man die Einheit Volt. Aus einer Steckdose kommen 220 Volt. Das ist sehr starke Elektrizität. Und deine flache Batterie? Wie viel Volt hat sie? Sieh nach! Es steht auf der Batterie.

Antwort: 4,5 Volt

Bei nur einer Batterie leuchtet die Glühbirne nur schwach. Eine Batterie allein bringt nur wenig Strom. Zusammen produzieren beide Batterien doppelt so viel Strom. Also leuchtet die Birne auch doppelt so hell. Wenn du sie mit einer Flachbatterie mit 4,5 Volt verbindest, leuchtet sie noch heller, denn eine Flachbatterie produziert so viel Strom wie drei runde Batterien à 1,5 Volt.

STROMLEITUNGEN

Ein Stromkraftwerk, ein Stauwerk oder eine Batterie produzieren Elektrizität. Eine Glühbirne, ein Fernseher oder ein Elektrozug benötigen Strom, damit sie funktionieren. Doch wie kommt der Strom von der Batterie zur Glühbirne? Mithilfe von Elektrokabeln!

Schon gewusst
Wenn man alle Stromleitungen Deutschlands aneinanderlegen würde, hätte man ein sehr langes Kabel. Es wäre so lang, dass es bis zum Mond reichen würde, zurück zur Erde und ein zweites Mal bis zum Mond!

Bilde einen Stromkreislauf!

Du brauchst:
- zwei Elektrokabel mit blanken Enden
- die Glühbirne einer Taschenlampe
- Alufolie und Klebeband
- eine Flachbatterie mit 4,5 Volt

1 Nimm ein Kabelende und wickle es um den Metallhals des Birnchens.

2 Schneide ein kleines Stück Alufolie ab. Nimm das zweite Kabel und schlage ein Ende in die Alufolie ein. Falte die Alufolie zu einer kleinen Kugel.

3 Schneide einen Klebestreifen ab. Lege es mit der Klebeseite nach oben auf einen Tisch. Stecke das Aluminiumkügelchen mittig auf den Klebestreifen.

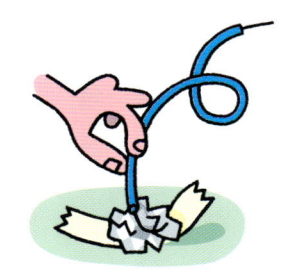

richtig

falsch

4 Stelle das Füßchen der Glühbirne auf die Kugel und drücke es fest an. Klebe den Klebestreifen an jede Seite der Birne. Achte dabei darauf, dass die Aluminiumkugel den Fuß, aber nicht den Hals der Birne berührt. Sonst funktioniert das Experiment nicht.

5 Fixiere nun mit Klebeband ein Kabel an eine Lasche der Batterie. Das zweite Kabel klebst du genauso an die andere Lasche. Die Birne brennt!

Elektrischer Strom fließt durch die Kabel, ähnlich wie Wasser durch die Rohre. In unserem Kreislauf startet der Strom an einer Lasche der Batterie. Er fließt durch das erste Kabel, dann durch die Birne, über das zweite Kabel, und schließlich durch die zweite Lasche wieder in die Batterie. Sobald der Strom die Glühbirne erreicht, leuchtet sie.

LEITEN ODER

Diese Männer arbeiten an einem Strommast. Das ist sehr gefährlich! Um an den Kabeln arbeiten zu können, ohne einen Stromschlag zu bekommen, verwenden sie diese langen orangefarbenen Stangen. Sie bestehen aus isolierendem Material, das den Strom nicht weiterleitet.

ISOLIEREN? Wo fließt Strom durch?

1 Nimm ein Elektrokabel und fixiere ein Ende mit Klebeband an einer Lasche der Batterie. Wickle das andere Ende um den Metallhals der Glühbirne. Das Metall des Kabels muss mit dem Metall der Birne verbunden sein.

Du brauchst:
- zwei Elektrokabel mit blanken Enden
- Klebeband
- eine Flachbatterie mit 4,5 Volt
- die Glühbirne einer Taschenlampe
- eine Metallgabel
- einen Filzstift aus Plastik

2 Nimm das zweite Kabel und fixiere ein Ende mit Klebeband an der zweiten Lasche der Batterie. Das andere Ende des Kabels klebst du um die Gabel.

3 Stelle die Birne mit dem Füßchen auf die Gabel. Leuchtet sie?

4 Nun entfernst du das Kabel von der Gabel und klebst es um den Filzstift. Stelle das Füßchen der Birne auf den Stift. Leuchtet die Glühbirne?

Die Birne leuchtet auf der Gabel, aber nicht auf dem Filzstift. Warum? Weil die Gabel aus Metall ist, einem Material, das den Strom leitet. Der Strom aus der Batterie fließt durch das Kabel und dann durch die Gabel. So erreicht er die Glühbirne, die dann leuchtet. Mit dem Filzstift ist es anders: Plastik ist ein Material, das den Strom blockiert. Der Strom aus der Batterie erreicht die Glühbirne nicht. Und ohne Strom bleibt sie dunkel.

Eisen, Aluminium und Silber lassen den Strom passieren: Sie leiten ihn weiter. Plastik, Holz und Glas blockieren ihn: Sie isolieren.

73

DER SCHALTER

Um zu verhindern, dass das Wasser aus den Rohren fließt, verwendet man einen Wasserhahn. Doch womit unterbricht man den elektrischen Strom in einem Kabel? Mit einem Schalter! Man braucht ihn, um eine Lampe oder den Fernseher auszuschalten. Und er ist ganz leicht zu bauen ...

Baue einen Schalter!

Du brauchst:
- die Glühbirne einer Taschenlampe
- Alufolie
- drei Elektrokabel mit blanken Enden
- Klebeband
- eine Flachbatterie mit 4,5 Volt
- zwei Heftzwecken aus Metall
- ein Korken
- eine Büroklammer

1 Für dieses Experiment wiederholst du die vier ersten Arbeitsschritte auf Seite 71.

2 Nimm ein Kabel und fixiere es mit Klebeband an einer Lasche der Batterie. Wickle das Ende des anderen Kabels um eine Heftzwecke. Stecke die Heftzwecke in den Korken.

3 Nimm das dritte Kabel und fixiere ein Ende an der zweiten Lasche der Batterie. Wickle das andere Ende um die zweite Heftzwecke. Führe die Spitze durch die Büroklammer und stecke die Heftzwecke auch in den Korken.

4 Nun lass die Büroklammer kreisen. Sobald sie beide Heftzwecken auf einmal berührt, leuchtet die Glühbirne.

Glückwunsch! Du hast einen echten Schalter gebaut. Schauen wir einmal, wie er funktioniert: Die elektrischen Teilchen in der Batterie drängen von einer Lasche zur anderen. Dazu benutzen sie die Elektrokabel als Brücke. Wenn die Büroklammer nicht mehr beide Heftzwecken berührt, ist es, als ob die Brücke zwischen den beiden Laschen eingestürzt ist. Der Strom fließt nicht mehr, und die Birne bleibt dunkel. Wenn die Büroklammer wieder beide Heftzwecken berührt, ist die Brücke repariert. Der Strom kann fließen, und die Birne leuchtet.

Ein Problem?
Wenn die Glühbirne nicht leuchtet, stelle sicher, dass die Aluminiumkugel den Metallhals der Birne nicht berührt. Falls doch, gibt es einen Kurzschluss. Der Strom erreicht den Glühdraht in der Birne nicht mehr, und das Licht bleibt aus.

Und wenn es eines Tages ...
keine Elektrizität mehr gäbe?

Tim hat Sophie eingeladen, das Wochenende bei seiner Familie auf dem Land zu verbringen. Während des Abendessens kommt ein starkes Gewitter auf, und das Haus liegt plötzlich im Dunkeln. Sofort beginnt Tims Mutter, nach Kerzen zu suchen.

Die beiden Kinder unterhalten sich im Dunkeln.
„Sophie, stell dir vor, morgen früh gibt es immer noch keinen Strom!"
„Ich liebe getoastetes Brot! Ohne Toaster wird das schwierig. Auch die Milch können wir dann nicht in der Mikrowelle erwärmen."

Da ertönt krachend ein neuer Donner. Sophie zuckt zusammen.
„Genial! Wir müssten dann mit Tretrollern zur Schule fahren. Auf den Straßen gibt es kein einziges Auto: Ohne Elektrizität in den Batterien können weder Autos noch Busse anspringen ..."

„Papa freut sich bestimmt, wenn er mit dem Tretroller fahren muss! Und sein geliebtes Handy kann er auch nicht benutzen."

„Und in den Supermärkten funktioniert keine Kasse. Stell dir die armen Kassierer vor, die unentwegt ellenlange Additionen rechnen müssen."
„Und denk an alles, was wir lieben, was aber auch nicht mehr funktioniert: Fernseher, Computer, Spielekonsole, elektrische Eisenbahn, ferngesteuerte Autos ..."

„Abends wird es auch schwierig. Aber auch sehr schön. Wir müssen überall Kerzen anzünden. Das ist dann ein bisschen wie Weihnachten!"

Als Tims Mutter mit einigen Kerzen zurückkommt, gehen alle Lichter wieder an. Tim und Sophie sind ein wenig enttäuscht. Eigentlich hätte es ihnen gefallen, den Abend bei Kerzenschein zu verbringen.

PLINK

aagh!

„Wisst ihr", sagt die Mutter, „die Menschen haben lange Zeit ohne Elektrizität gelebt. Auch wir könnten ohne Strom überleben, aber es wäre schwierig. Wir müssten viele Gewohnheiten ändern."
„Das ist wahr", antwortet Tim. „Hm, dann könnte auch keiner von uns mehr sagen, ob es heute Abend einen schönen Film gibt ..."

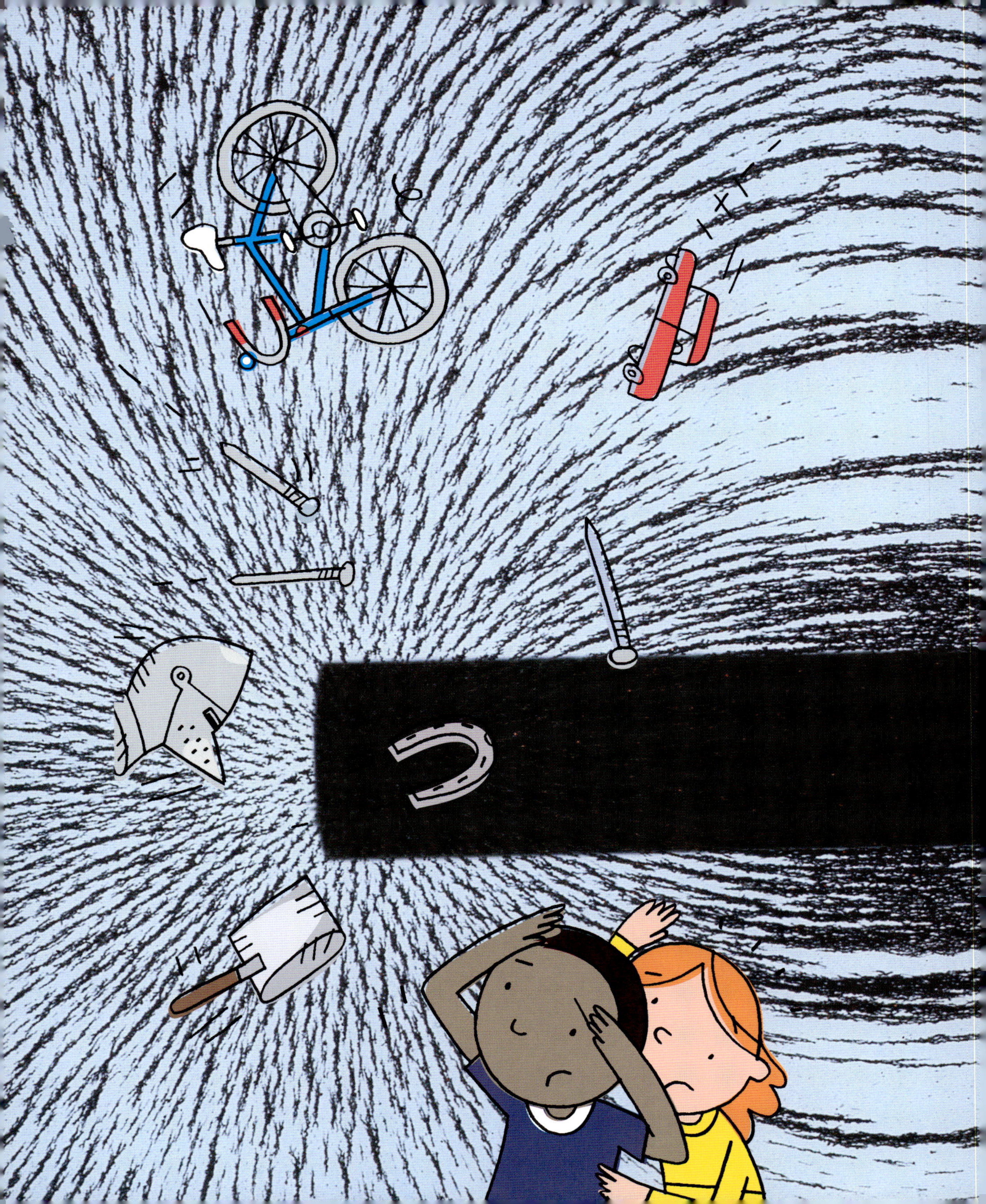

Magnetismus

Bestimmt habt ihr auch Magnete an eurer Kühlschranktür. Aber weißt du, dass es auch versteckte Magnete um dich herum gibt? Beispielsweise in den Lautsprechern deines Radios oder in bestimmten elektrischen Motoren. Auch die Erde selbst ist ein gigantischer Magnet. Doch warum ziehen Magneten Eisen an und kein Glas? Wie funktioniert ein Kompass? Was ist ein Elektromagnet? Mach die folgenden Experimente und du wirst all diese Geheimnisse aufdecken.

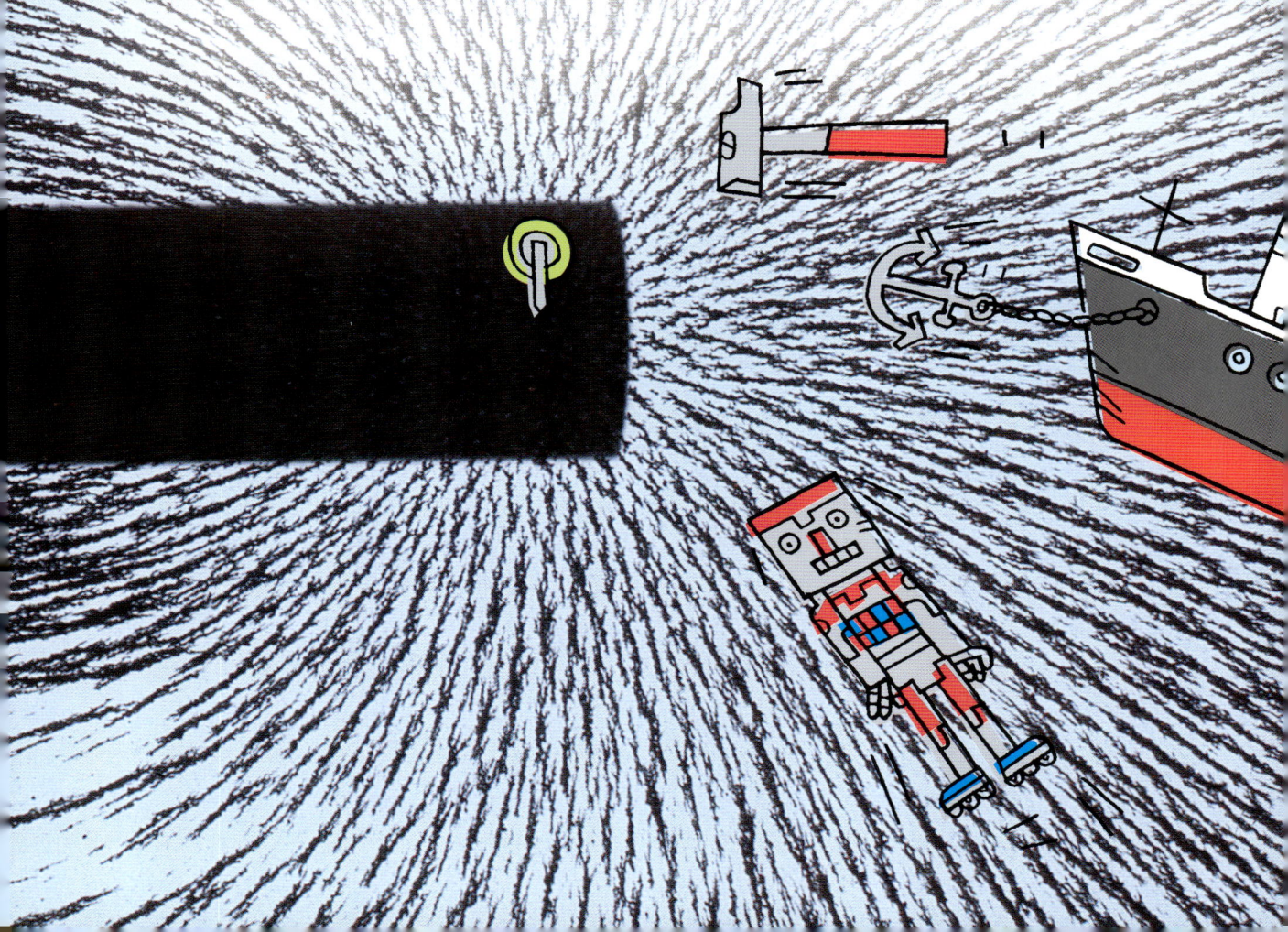

WAS IST EIN MAGNET?

Hübsch, diese Magnete! Aber warum bleiben sie an der Kühlschranktür hängen? Und warum fallen sie herunter, wenn man sie an einer Scheibe oder einer Fliese anbringen will?

Entdecke, wer was anzieht!

Du brauchst:
- einen Magneten
- einige Geldmünzen
- Alufolie
- einige kleine Gegenstände: ein Glas, einen Filzstift ...

1 Lege alle Gegenstände auf einen Tisch.

2 Lege den Magneten beiseite. Nimm irgendeinen anderen Gegenstand und berühre damit die anderen. Bleibt etwas hängen?

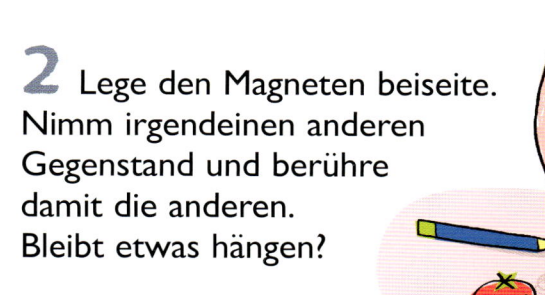

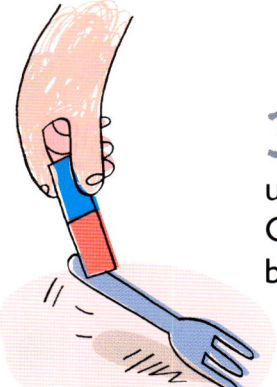

3 Nimm den Magneten und berühre damit die Gegenstände. Welche bleiben hängen?

Von all deinen Gegenständen zieht nur der Magnet andere an. Aber auch nicht alle! Er haftet an einer Metallgabel, aber nicht an Glas. Dies liegt an dem Material, aus dem die Gegenstände bestehen. Ein Magnet besteht aus Millionen säuberlich aufgereihter, mikroskopisch kleiner Magnete. Darum zieht er andere Gegenstände an. Auch Eisen enthält diese Mikromagnete und wird daher von einem Magneten angezogen. Doch da die Mikromagnete hier nicht in einer Richtung aufgereiht sind, hat Eisen selbst keine Anziehungskraft. In Glas oder Aluminium gibt es keine Mikromagnete. Daher werden sie auch nicht angezogen.

Wo erhält man Magnete?
Frage in der Heimwerkerabteilung eines Supermarkts oder in einem Baumarkt nach. Kühlschrankmagnete sind zwar hübsch, aber nicht stark genug für unsere Experimente.

EINE MAGISCHE KRAFT

Das ist kein Trick! Dieser Magnet schwebt wirklich in der Luft. Der Magnet und die Platte darunter stoßen sich gegenseitig ab. Die Kraft von Magneten wirkt auch aus der Entfernung. Sie ziehen bestimmte Gegenstände an und stoßen andere ab ... ohne einander zu berühren.

Navigiere ein Schiffchen!

1 Lege die Büroklammer längs auf den Korken und klebe sie fest.

Du brauchst:
- einen Korken
- eine Büroklammer aus Eisen
- einen Magneten
- ein Lineal
- Klebeband
- eine Glasschale
- zwei Bücher

2 Lege den Magneten auf ein Ende des Lineals und klebe ihn fest.

3 Gieße etwas Wasser in die Glasschale. Lass den Korken mit der Büroklammer nach unten im Wasser treiben.

4 Lege die beiden Bücher mit etwas Abstand zueinander auf einen Tisch. Stelle die Schale darauf.

5 Führe das Linealende mit dem Magneten unter die Schale, und zwar genau unter den Korken. Wenn du das Lineal nun bewegst, bewegt sich auch der Korken.

Schon gewusst?
Man sagt, dass ein Magnet von einem unsichtbaren Magnetfeld umgeben wird. Man kann es sichtbar machen, wenn man Eisenspäne um einen Magneten streut. Siehe dazu das Bild auf den Seiten 78 und 79!

Du kannst das Schiffchen bewegen, ohne es zu berühren! Dein Magnet zieht die Büroklammer durch die Glasschale und das Wasser an. Magnete üben eine unsichtbare Kraft auf Eisen aus. Diese Kraft wirkt auch aus der Entfernung: Der Magnet muss die Büroklammer nicht berühren, um sie anzuziehen. Doch je näher er ist, desto größer ist seine Kraft. Diese Kraft wirkt durch die Luft, durch Wasser, durch Glas oder durch Papier.

KETTENREAKTION

Diese kleinen Figuren bestehen aus Eisen. Es ist also normal, dass das oberste Männchen vom Magneten in die Höhe gezogen wird. Doch warum werden auch die anderen angezogen, obwohl sie den Magneten gar nicht berühren? Seltsam, oder?

Bilde eine Büroklammerkette!

1 Stelle sicher, dass die beiden Büroklammern nicht magnetisch sind: Sie dürfen einander nicht anziehen.

Du brauchst:
- zwei Büroklammern aus Eisen
- einen Magneten

2 Lege die Klammern auf einen Tisch. Hebe die erste Büroklammer mit dem Magneten an.

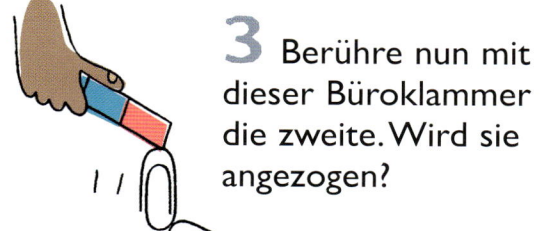

3 Berühre nun mit dieser Büroklammer die zweite. Wird sie angezogen?

4 Mit deiner anderen Hand trennst du nun die zweite Büroklammer vom Magneten. Was passiert mit der zweiten Klammer?

Noch ein Experiment
Wenn dein Magnet stark genug ist, kannst du auch eine Kette aus drei, vier oder mehr Büroklammern bilden. Wie hoch ist dein Rekord?

In Verbindung mit einem Magneten wird die Büroklammer ebenfalls magnetisch. In einem Magneten gibt es Millionen von Mikromagneten, die alle gleich ausgerichtet sind. Auch Eisen enthält Mikromagnete, doch sie weisen in alle Richtungen. Darum ist Eisen selbst nicht magnetisch. Wenn du jedoch die Büroklammer mit dem Magneten verbindest, richten sich die Mikromagnete im Eisen in dieselbe Richtung aus, und das Eisen wird magnetisch. Sobald du die Verbindung löst, nehmen die Mikromagnete ihre vorherige Stellung ein. Die Büroklammer verliert ihre magnetische Eigenschaft wieder.

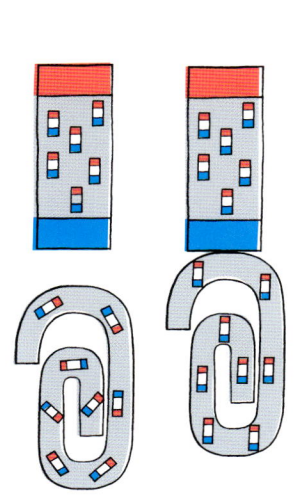

MAGNETE HERSTELLEN

In der Natur gibt es bestimmte Steine, die Eisen anziehen. Es handelt sich um natürliche Magnete, doch sie sind sehr selten. Die Magnete, die du in deinen Experimenten verwendest, wurden in Fabriken hergestellt.

Magnetisiere einen Schraubendreher!

1 Stelle sicher, dass der Schraubendreher nicht magnetisch ist. Die Stecknadeln sollten nicht angezogen werden.

Du brauchst:
- **einen Schraubendreher**
- **Stecknadeln aus Eisen**
- **einen Magneten**

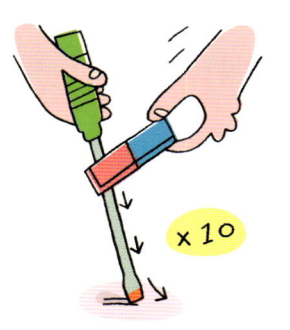

2 Lege den Magneten nah am Griff an das Eisenteil des Schraubendrehers. Reibe ihn nun bis zur Spitze hinunter. Wiederhole dies zehnmal.

Schon gewusst?
Die Worte „Magnet", „Magnetfeld" oder „Magnetband" stammen alle von einer Stadt ab: Magnesia. In der Antike haben die Griechen dort schwarze Steine gefunden, die Eisen anzogen. Diese magnetischen Steine heißen „Magnetiten".

3 Halte den Schraubendreher über die Nadeln. Werden sie angezogen?

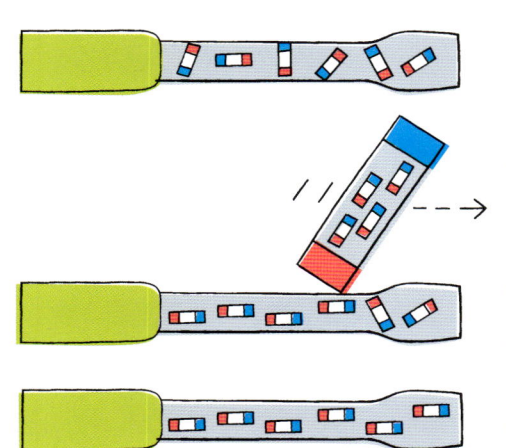

Der Schraubendreher ist zu einem Magneten geworden! In einem Magneten gibt es Millionen von Mikromagneten, die alle gleich ausgerichtet sind. Im Eisen stehen die Mikromagnete in alle Richtungen. Darum ist Eisen selbst nicht magnetisch. Wenn du aber das Eisen über längere Zeit mit einem Magneten abreibst, zwingst du die Mikromagnete alle in dieselbe Richtung. So wird das Eisen magnetisch. Der Beweis: Der Schraubendreher zieht die Nadeln an.

87

NORDPOL, SÜDPOL

Dieser Zug fährt nicht auf Rädern! Er schwebt einen Zentimeter über den Schienen. Ist das Zauberei? Die Elektromagnete der Schienen und die des Zuges stoßen einander ab, und der Zug schwebt durch die Luft!

Stoße die Nadeln ab!

1 Lege die Nadeln nebeneinander auf das Papier. Klebe sie so fest, dass die Enden überstehen.

Du brauchst:
- drei gleiche Nähnadeln
- Papier
- Klebeband
- einen Magneten
- rote und blaue Farbe

2 Reibe mit deinem Magneten von einem Ende der Nadeln zum anderen. Hebe den Magneten an und wiederhole dies zehnmal in dieselbe Richtung.

3 Bemale das eine Ende der Nadeln mit blauer Farbe und das andere mit roter. Sobald die Farbe trocken ist, entfernst du das Klebeband.

4 Nimm eine Nadel. Was passiert, wenn du dich mit ihrem blauen Ende dem blauen Ende einer anderen Nadel näherst? Und was passiert, wenn du dasselbe mit den roten Enden machst? Und was, wenn du verschiedenfarbige Enden nimmst?

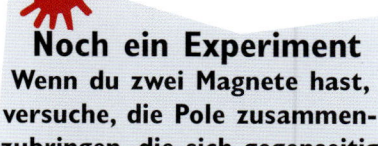

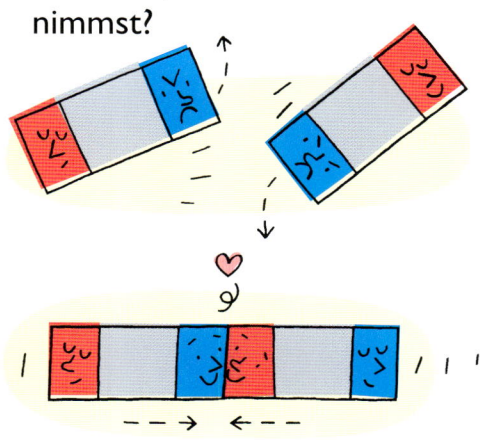

Noch ein Experiment
Wenn du zwei Magnete hast, versuche, die Pole zusammenzubringen, die sich gegenseitig abstoßen. Du wirst Kraft brauchen, damit sie einander berühren.

Durch das Reiben der Nadeln mit einem Magneten hast du sie magnetisiert. Eigenartig ist aber, dass zwei Enden derselben Farbe einander abstoßen, während die Enden unterschiedlicher Farbe einander anziehen! Man sagt, dass Magnete Pole besitzen: einen Nord- und einen Südpol. Die Nordpole zweier Magneten stoßen sich ab, die Südpole auch. Ein Nordpol zieht jedoch den Südpol eines anderen Magneten an.

89

GUT GENORDET

Praktisch, so ein Kompass! Man weiß immer, wo Norden ist – selbst in dichtestem Nebel. Die Chinesen haben ihn vor mehr als 4500 Jahren erfunden. Er passt zu diesem Kapitel, denn er funktioniert dank eines ... Magneten!

Baue einen Kompass!

1 Reibe mit dem Magneten immer in dieselbe Richtung über die Nadel, um sie zu magnetisieren.

Du brauchst:
- einen Magneten
- eine Stecknadel
- sehr feines Nähgarn
- Klebeband

2 Schneide einen Faden ab, der zweimal so lang ist wie dieses Buch.

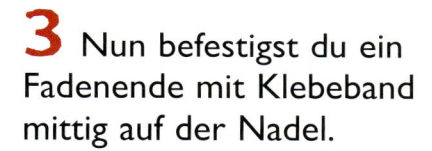

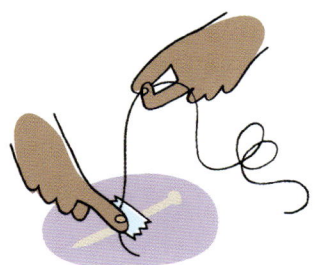

3 Nun befestigst du ein Fadenende mit Klebeband mittig auf der Nadel.

4 Halte das andere Fadenende fest. Beobachte, in welche Richtung sich die Nadel ausrichtet. Bewege dich durch das Zimmer. Ändert sich die Richtung?

Richtig oder falsch?
In der Nähe eines großen Gegenstands aus Eisen zeigt ein Kompass nicht mehr in Richtung Norden.

Richtig. Überprüfe das mit deinem Kompass und nähere dich dem Kühlschrank. Die Nadel wird sich zum Kühlschrank drehen.

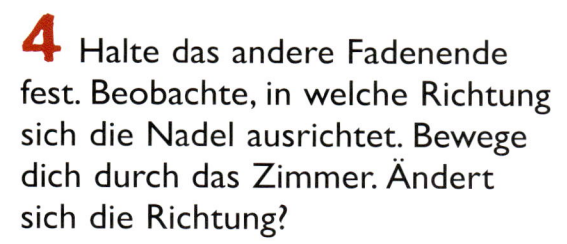

Die magnetisierte Nadel zeigt immer in dieselbe Richtung, auch wenn du dich bewegst! Du hast einen Kompass hergestellt. Und so funktioniert er: Im Inneren der Erde gibt es einen magnetischen Eisenkern. Die Erde ist also ein gigantischer Magnet! Wie du weißt, zieht der Nordpol eines Magneten den Südpol eines anderen Magneten an. Der Nordpol der Erde zieht also den Südpol deiner magnetisierten Nadel an. Daher zeigt sie immer in dieselbe Richtung: in Richtung Norden.

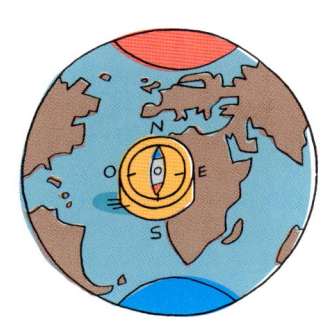

91

DER ELEKTROMAGNET

Hier siehst du einen Elektromagneten. Sobald er mit Strom versorgt wird, funktioniert er wie ein richtiger Magnet und zieht den Eisenschrott an. Wird der Strom abgestellt, ist er nicht mehr magnetisch, und das Eisen fällt zu Boden.

Baue einen Elektromagneten!

1 Prüfe mit einem Magneten, ob Schraube und Büroklammer tatsächlich aus Eisen sind.

Du brauchst:
- einen Erwachsenen
- eine große Schraube
- eine Büroklammer
- ein 60 cm langes Elektrokabel mit blanken Enden
- eine kleine 1,5-Volt-Batterie

2 Falte die Mitte des Kabels um die Schraube und umwickle sie zehnmal. Halte die Schraube an die Büroklammer: Zieht sie die Klammer an?

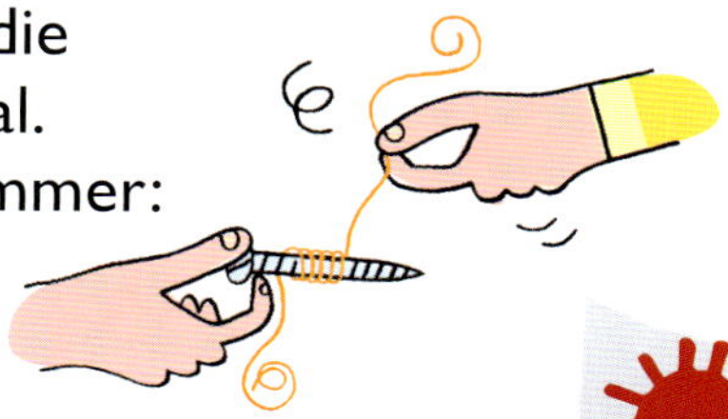

3 Bitte einen Erwachsenen, beide Kabelenden an der Batterie anzuschließen. Lege die Schraube in der Zwischenzeit an die Büroklammer. Wird sie angezogen? Und was passiert, wenn die Batterie angeschlossen ist?

Vorsicht!

Während des Experiments mit der Batterie werden die Kabelenden schnell heiß. Gib acht, dass du dich nicht verbrennst! Mach das Experiment niemals mit Strom aus der Steckdose. Das ist höchst gefährlich! Du könntest einen elektrischen Schlag bekommen.

Sobald elektrischer Strom durch das Kabel fließt, wird die Schraube magnetisch! Mittlerweile weißt du, dass es in der Eisenschraube Millionen von Mikromagneten gibt. Normalerweise stehen sie in alle Richtungen, weshalb eine Schraube auch nicht magnetisch ist. Doch sobald Strom durch das Kabel fließt, entsteht ein Magnetfeld. Alle Mikromagnete in der Schraube richten sich gleich aus, und die Schraube wird zu einem Magneten. Ist der Strom abgestellt, nehmen die Mikromagnete ihre vorherige Position ein, und es gibt keinen Magnetismus mehr.

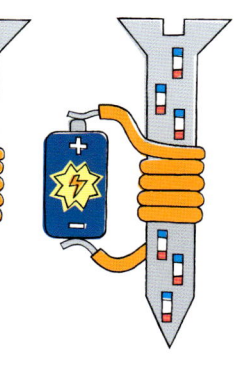

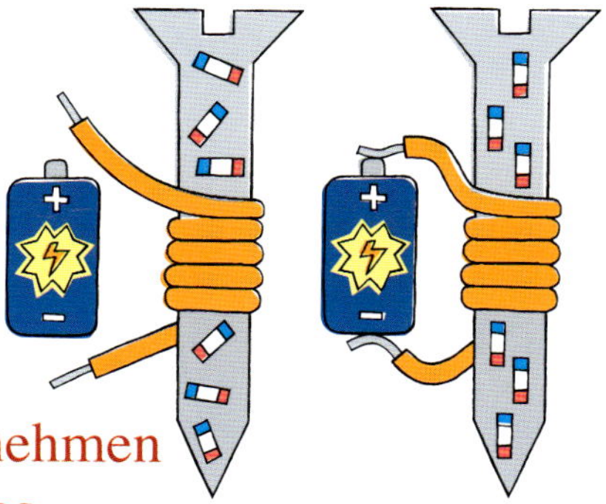

Und wenn es eines Tages ...
keine Magnete mehr gäbe?

Der Roboterkrieg ist in vollem Gange. Lotta versteckt sich hinter ihrem Bratpfannen-Schutzschild. Doch plötzlich hat Anton eine Tube Ketchup und richtet sie gegen Lotta. „Mit meinem Supermagneten ziehe ich dein Eisenschild an. Du bist nicht mehr geschützt, und ich gewinne den Kampf!"
„Falsch!", ruft Lotta. „Ich habe einen Mega-Entmagnetisierer! Er zerstört die Anziehungskraft deines Magneten. Ich gewinne den Kampf!"

Anton ist überrascht und denkt einige Sekunden nach. „Ach ja? Du entmagnetisierst alles? Hast du denn an die Zugvögel gedacht? Sie finden ihren Weg nur, weil die Erde ein riesiger Magnet ist. Möchtest du, dass sie sich verfliegen?"
„Ist mir egal! Ich habe gewonnen."
„Gut, dann machen wir das so", schlägt Anton vor, „wenn du den ganzen Tag über keinen einzigen Magneten benutzt, hast du gewonnen."
„Das ist ja einfach ..."

Am Nachmittag denkt Lotta nicht mehr daran und macht das Radio an. Sofort kommt Anton und fordert sie auf, es auszustellen. „Oh nein! Wir haben gesagt: keine Magnete! Es sind aber welche in den Lautsprechern. Also kein Radio, kein Fernseher und kein Telefon!"
„Oh Mann!", mault Lotta.

Etwas später macht Lotta den Computer an. Sie möchte ein Spiel spielen.
„He, keine Magnete!", ruft Anton ihr zu.
„Die Festplatte ist magnetisch. Dein Entmagnetisierer hat sie zerstört. Du kannst nicht spielen!"
„Ist ja gut, Herr Besserwisser!"

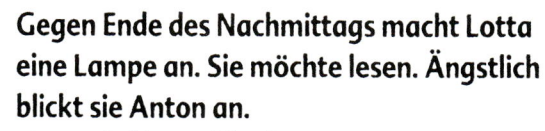

Gegen Ende des Nachmittags macht Lotta eine Lampe an. Sie möchte lesen. Ängstlich blickt sie Anton an.
„Das wird ja wohl gehen. Das ist eine Lampe, die hat keine Magnete", sagt sie.
„Die Lampe nicht", gibt Anton zu. Aber der Strom, der aus der Steckdose kommt, wird in Wechselstromgeneratoren hergestellt ... und da gibt es Elektromagnete."

„Also gut, ich gebe auf. Du hast gewonnen."
„Och, Lottchen", sagt Anton triumphierend. „Wenn du deinen Entmagnetisierer das nächste Mal verwendest, solltest du das nicht bei jemandem machen, der gerade ein Buch über Magnete gelesen hat!"

Bildnachweis

Umschlag: Feaspb/shutterstock

Schall

Steve Cole/Getty Images – S. 4/5
Colette Masson/Enguerrand – S. 6
Spot/Photononstop – S. 8
Index Stock Photography, Inc./Vloo – S. 10
Jeffrey L. Rotman/Bios – S. 12
Global Picture/Hoaqui – S. 14
S. Dalton/OSF/ Bios – S. 16
M. Garnier/Hoaqui – S. 18
Stone/Getty Images – S. 20
Cité de la Musique – S. 22

Licht

Photo Bank Yokohama/Hoa Qui – S. 26/27
Owen Franken/Corbis – S. 28
Taxi/Getty Images – S. 30
Photex/Z. Gold/Zefa/Hoa Qui – S. 32
Reinroff/Hoa Qui – S. 34
Lluis Real/Age Fotostock/Hoa Qui – S. 36
Stone/Getty Images – S. 38
Teresa Ponseti/Age Fotostock/Hoa Qui – S. 40
Stone/Getty Images – S. 42
François Le Diascorn/Rapho – S. 44
Gordon Garradd/SPL/Cosmos – S. 46
John Warden/Cosmos – S. 48
Patrick Lorne/Jacana – S. 50
Ateliers Magazine – S. 52

Elektrizität

Dennis Degnan/Corbis – S. 58
TH. Werderer/Musée Eletropolis – S. 60
E. Nouat/La Médiathèque EDF – S. 62
Pascal Faligot/Musée des Arts et Métiers – S. 64
Tacevski/Vu – S. 66
Bob Rowan/Progressive Image/Corbis – S. 68
Claude Caroly/La Médiathèque EDF – S. 70
Marc Marceau/La Médiathèque EDF – S. 72
Mauritius/Photononstop – S. 74

Magnetismus

Werner H. Müller/Corbis – S. 78/79
Laurent Vautrin/Mango – S. 80
Pascal Nieto/Rea – S. 82
Photonica – S. 84
Stammers/SPL/Cosmos – S. 86
James Leynse/Rea – S. 88
Philippe Poulet/Mission/Getty – S. 90
Alex Bartel/Science Photo Library/Cosmos – S. 92